李靜子의 수상록

당신의 인생도 업그레이드 해보라

이정자 지음

국학자료원

당신의 인생도
업그레이드 해보라

책을 내면서

불혹을 맞고 큰 병을 치른 후부터 나이를 생각하게 되었습니다.

그리고 이루지 못한 꿈에 도전을 했고 지금은 제2인생을 살고 있습니다. 살아온 세월보다 남은 시간이 적다는 것을 깨달으면서 이 세상에 있는 동안 내 인생을 알뜰하게 정말 알뜰하게 업그레이드하며 살고 싶었습니다.

세월이 흘러도 고운 모습,
편안힌 마음으로,
연꽃같이 잔잔히 살아가고 싶습니다.

가진 것이 좀 적어도,
하는 일이 좀 적어도
내가 노력한 것에 비해
또 이룬 것에 비해
기대치가 좀 못 미치더라도
마음만은 풍족하게
향기 가득 채우고 싶습니다.

그래도 하고픈 일에는
자유로이 정진하고 도전하고 싶습니다.

마음속에 구겨진 것 없이
가만 가만 모두를 사랑하며
남을 의식하지 않고 매사에 감사하며
여유롭게 따슨 마음 하나 둘 내어 주고 싶기도 합니다.

설레는 그리움 같은 건 추억에 담고
꽃 같은 미소로 주위를 돌아보며
생명의 샘, 행복의 샘 다스리고 가꾸고도 싶습니다.

살다보면 삶에 대한 가치관이 뚜렷이 서 있어도
그것을 포기하고 살아가야할 때가 있습니다.
따스한 햇살이 퍼져 있는 날에도
마음 한 구석에선 빗줄기가 내릴 때도 있습니다.
떠들고 소란한 사람들 틈에서도
심한 소외감을 느낄 때도 있습니다.

누구나 살아가면서 어려운 고비 고비가 있습니다.
그 고비를 어떻게 대처하고 어떻게 넘어가느냐에 따라
삶의 길도 완연히 달라짐을 주위에서도
나의 체험에서도 보게 됩니다.

누구에게나 살아가면서 지우고 싶은 것들도 있고,
그래도 남기고 싶은 [흔적]도 있습니다.
그 남기고 싶은 [흔적]만을 내 사랑하는 사람들과 함께
공유하고 싶어 책으로 엮어 보았습니다.
이 글의 어느 한 구절이라도 독자들의 삶에
한 알의 좋은 씨앗이 되기를 기원합니다.

2006. 10.

-慈軒 이정자 -

차례

1. 자신을 업그레이드 하며

2006년 6월도 월드컵 축구열기가
하늘을 찌를 듯 합니다.
그들의 열기를 보고만 있어도
마음은 풍선을 타고 하늘을 나릅니다.
최선을 다한 태극전사들에게도
응원을 주도한 붉은 악마들에게도 박수를 보냅니다.
20세기를 지나면서 21세기는
인터넷의 보급률과 비례해서
우리가 집에 있어도 집에 있는 것이 아닙니다.
인터넷을 통해서 눈이 뜨이고, 귀가 열리고,
마음이 통하여집니다.
세계가, 사회가 우리 가까이로 다가오고 있습니다.
사회는 급속도로 다방면으로 기능화 되어가고 있습니다.
"21세기 세계화시대에는 여성인력활용이 국운을 좌우한다."고 합니다.
21세기를 열어 가는 우리의 모습은 어떠해야 할까요?
다같이 한 번 생각해 봅시다.

1) 도전하는 삶

필자는 '도전하는 삶'을 권하고 싶습니다. 곧 도전하는 삶이 되어야 한다는 것이지요. 도전이 없으면 아무것도 이룰 수가 없지요. 나 자신의 경우도 도전이 있었기에 이 자리에 서게 되었습니다.

처음부터 가고자 하는 길을 순탄하게 가는 사람도 있겠지만, 그런 사람이 어디 그리 많던가요? 그런 사람도 결국은 자기 자신의 노력이 없이는 불가능하지요 노력한다고 또 하고자 한다고 그 길이 그렇게 쉽게 열리지도 않는 다는 것을 살아가면서 깨닫게 됩니다. 특히 IMF를 겪은 후부터는 더욱 그것을 실감할 것입니다. 그리고 요즈음도 마찬가지입니다. 그래서 인생은 끊인없는 도전이고 노력이시요. 끊임없이 도전하는 자에게 그래도 길은 열리고, 끈기 있게 끝까지 노력하는 사람에게 성공은 쥐어집니다.

미국 상원의원부의장인 신호범 의원은 18세의 한국 고아로서 무학력으로 미국에 입양해 갔습니다. 그가 도전이 없었다면 어찌 오늘의 그 자리가 있었겠으며 인내로써 어려움을 극복하지 않았다면 어찌 미국의 인종차별에서 정계에 진출하여 성공하였겠습니까? 그는 미 워싱턴주 상원의원입니다. 자기 유권자를 얻기 위해 집집마다 방문하여 그들을 설득시키는 작업에서부터 그의 정계의 문은 열려졌습니다.

그가 살아가면서 느낀 것은 '한국에서는 인간 차별을 당했고, 미국에서는 인종차별을 당했다'는 것입니다. 곧 한국에서는 '재력과 혈통과 학력의 벽이 인간 차별'을 불러왔고, 미국에서는 '유색인종에 대한 인종의 벽이 사람을 차별하더라.'는 것입니다. 그는 극복과 도전, 도전과 극복을 넘고 넘어 오늘의 자리를 굳힌 것입니다. 그의 삶은 대단한 도전이고 극복이고 인내이고 노력입니다. 한국인의 끈기이지요.

"Can do it.할 수 있다"를 좌우명으로 실리콘밸리에서 성공신화를 일궈낸 재미동포 김태연 회장 역시 도전을 연속한 TYK그룹의 총수입니다. 지난 68년 20대 초반에 미국으로 건너가 성공한 예입니다. 그녀는 자신의 성공비결을 다음과 같이 말했습니다. "어려운 시절을 할 수 있다는 자신감으로 극복했고, 기업을 운영하면서 먼저 직급이 낮은 사람을 챙기고 인간적인 신뢰를 쌓는데 노력했기 때문"이라고 말입니다. '할 수 있다'는 자신감과 '직급이 낮은 사람을 챙기고, 인간적인 신뢰를 바탕으로 했다' 는 말에 기업인으로서의 겸손함과 그녀의 인간적인 사랑이 돋보였습니다. 그녀의 말대로 그래서 그녀는 성공한 것입니다.

IMF가 터진 후 우리나라 어떤 대기업의 총수가 TV에 나와서 한 말이 생각납니다. "경영은 주인이 알지 머슴들이 어떻게 아느냐"고 했습니다. 자기 기업을 키워나갈 일류 엘리트 사원들을 머슴으로 대우했으니, 그런 사고방식을 가진 경영자의 기업이 어찌 잘 되겠습니까? 윗자리에 있는 사람일수록 '벼는 익으면 고개를 숙인다.'는 말을 좀 이해해야 될 것 같습니다.

<기적은 당신 안에 있습니다>의 저자 이승복(미국명 로버트 리)의 삶 또한 놀라운 도전 끝에 '슈퍼맨 닥터리'가 되었습니다.

그는 체조올림픽 국가대표상비군으로 선발되어 훈련 중 부상으로 사지마비 장애자가 되었습니다. 그러나 좌절하지 않고 불굴의 의지

로 인간의 한계를 온몸으로 극복하고 존스홉킨스 병원의 수석 전공의가 되었습니다.

8세일 때 약국을 하던 아버지를 따라 미국으로 이민 간 그는 초등학교 때부터 체조 선수의 꿈을 안고 고등학교 3학년 때에는 올림픽 예비 군단 최고 선수로 인정받았습니다.

그러나 정상의 문턱에서 그는 뜻하지 않은 사고를 당해 "일곱 번째 경추 아래로 끊어진 신경들이 다시 붙어 살아날 가능성이 전혀 없다"는 의사의 판정을 받고 체조 선수로서의 꿈을 접어야만 했습니다.

그러나 그는 그대로 주저앉지 않았습니다. 불굴의 정신과 그 의지 하나로 물리치료 4개월 만에 그는 의사들도 놀랄 정도로 가능한 근육을 회복하게 됐습니다.

그리고 새로운 도전을 하였습니다. 의사가 되기로 마음먹었습니다. 5개월의 피나는 준비 끝에 그는 뉴욕대학에 입학했고 이어 컬럼비아대학에서 공중보건학 석사학위를 받았습니다. 다트머스대학 의대와 하버드대학 의대에서 인턴 과정을 수석으로 졸업하고 꿈에 그리던 전공의사가 되어 같은 처지에 놓인 재활환자들에게 희망을 전파하기 시작했습니다.

그의 인간 승리 드라마는 <뉴욕 타임스><볼티모어 선> AP통신 폭스TV 등을 통해 미국 전역에 소개됐고, 감동을 받은 수많은 장애인들은 그에게 '슈퍼맨 닥터 리'라는 이름을 붙여주었습니다.

얼마 전 신문에서 읽은 기사입니다. 자녀를 다 키운 뒤 남편의 배려로 영국 옥스퍼드대에서 5년 만에 학위를 딴 54세의 김성희씨의 사연을 읽고 그 도전과 열정 활동상을 보며 나 자신의 모습을 바라보기도 했습니다. “옥스퍼드에서 공부한 5년이라는 시기는 젊은이들로부터 소외되지 않고 그들과 어울려 잘 지낸 내 인생의 황금기”라고 하면서 현재 옥스퍼드에는 자신과 같은 아줌마 학생이 적지 않다고 합니다. 결혼과 육아에 밀린 젊은 날의 꿈을 늦게나마 펼칠 수 있는 것은 오직 도전이 있었기에 가능한 것입니다.

도전과 극복의 소용돌이 속에서는 개인이나 기업이나 끊임없이 발전해 가는 것을 볼 수 있습니다. 그러기에 도전하는 삶은 자신을 업그레이드하는 인생의 아름다운 모습입니다.

2) 배우며 실천하는 삶

'배운다는 것'은 귀하고 아름다운 것입니다. 배우면서 오는 어떠한 어려움도 그 아름다움에 묻힙니다. 배움에서 오는 '앎'이 하나하나 차곡차곡 내 머리에 질서 정연하게 쌓아져서 필요 적절하게 밖으로 내보내질 때의 자신감과 가슴 뿌듯함이 있기에 배움은 귀한 것입니다. 모르는 것이 많은 사람을 가리켜 '머리가 비었다'란 말을 합니다. 그만큼 아는 것이 없다는 뜻이지요. 반면에 아는 것이 많은 사람을 가리켜 '머리가 꽉 찼다'란 말을 합니다. 배운다는 것은, 또 안다는 것은 좋은 일입니다. 배우고자 하는 욕망이 있다는 것은 자신을 업그레이드하며 삶에 생기를 부여하기도 합니다.

50고개를 넘어선 나이에 방통대 중문학과에 편입한 친구가 있었습니다. 그 친구는 학교에 다닐 때 공부를 잘했습니다. 학문에 대한 의욕도 많았고, 성취욕도 많았습니다. 대학원에서 학점 수료를 하고 논문 학기에 결혼을 했습니다. 결혼 후 다시 할 줄 알았던 학문에의 기회를 놓치고 말았습니다. 육아와 가사와 아내의 역할 때문이었지요. 이제는 아이들을 다 결혼시키고 나니 지천명을 훌쩍 넘기더라는 것입니다. 방통대는 집에서 할 수 있으니 한다고 했습니다. 그러면서 새롭게 시작한 학문에 푹 빠져있는 듯 했습니다. '열심히 해서 내친 김에 대학원도하여 번역 작가가 되라'고 격려해 주었습니다.

몇 년 전 신문에서 '60줄에 선 부부 교수가 퇴임 후 자신들이 계획한 봉사 사업을 하기 위해 음성 꽃동네에 있는 <사회복지대>에 편입학 했다'는 기사를 신문에서 읽었습니다. 아름다운 노후 인생

설계에 마음의 박수를 보냅니다. 전문적인 지식을 갖추고, 이렇게 차곡차곡 계획을 세워서 하는 일에는 틀림없이 성공하리라 믿습니다. 사회복지사업은 그 어떤 사업보다도 어려운 것입니다. 마음과 자격과 열정과 경제가 함께 해야 합니다. 그 위에 신앙도 따라야 됩니다. 이렇게 다 갖추어도 어려운 것이 사회복지 사업입니다. 많은 여건을 갖춘 두 분의 색다른 노후 설계가 많은 사람들에게 '사랑의 종소리'로 울렸으리라 생각합니다.

요즈음은 더 잦게 만학도에 대한 뉴스가 매스컴을 통해서 흘러나옵니다. 어디에서는 40, 50대의 주부들이 고등학교를 졸업했다느니, 어디에서는 60대 할머니가 검정고시에 합격했다느니 또 어디에서는 축산업을 하는 할아버지가 고등학교를 3년 개근에 수석을 했다는 소식들로 화면을 가득 채웁니다. 이러한 장면들을 보면서 '참 좋은 세상이다'란 생각을 하게 됩니다. 연령에 제한 없이, 자신을 업그레이드하며, 하고 싶은 공부를 할 수 있다는 것이 얼마나 좋은 일입니까?

60, 70년대까지만 해도 우리나라는 경제 여건이 어려웠습니다. 80년대 중·후반부터 IMF 이전까지 우리 경제는 몰라보게 호황을 누렸습니다. 80년대 태어난 젊은이들은 그 어려운 시절을 알지 못합니다. 百聞而不如一見(백문이불여일견-백번 들어도 한 번 보는 것만 못하다)이라고 아무리 들어보았자 직접 겪고 눈으로 보고자란 사람들과는 다릅니다. 배우고 싶어도 배우지 못한 어려운 시기의 어머니, 아버지들입니다. 그래서 졸업이 눈물바다가 되기도 합니다. 배움을 떠나는 아쉬운 마음이, 제때에 배우지 못한 서러움이, 늦게나마 배울 수 있게 된 고마움이 함께 어우러져서 눈물이 쏟아지기도 합니다.

나 자신도 대학원부터는 결혼 후 아이를 기른 후 했습니다. 대학 졸업 후 미국 유학을 준비하던 중 건강이 안 좋아 유학에의 꿈을 포기할 수밖에 없었습니다. 그래서 그 해 11월에 결혼을 했습니다. 이루지 못한 꿈은 아이를 기르면서도 수시로 손은 책으로 가곤 했습니다. 그것이 끈이 되어 그래도 3남매를 기른 후에 공부를 다시 시작했을 때 영어를 두렵지 않게 생각한 커다란 이유입니다. 또 하나는 한문을 꾸준히 읽었습니다. 삼국사기, 삼국유사, 노자 도덕경, 장자, 논어, 맹자, 대학, 중용을 번역서를 대조하며 원문을 읽었습니다. 그리고 새로 찾은 한자를 익혔습니다. 이 한문 공부도 제2외국어를 통과하는데 무게를 들어 주었습니다. 이렇게 하여 대학원으로 가는 시험을 통과하여 젊은 사람들과 함께 공부했지요.

배운다는 것은 좋은 것입니다. 싫은 사람에게는 지겹지만 알고자 하는 사람에게는 새로운 지식이 하나하나 나의 머릿속으로 새겨진다는 것이 얼마나 기쁜 일인지 모릅니다. 먹지 않아도 포만감에 뿌듯한 것이 머리 속에 담겨지는 앎의 낱알입니다. 이 시절의 심경을 읊은 시가 있습니다.

용트림 풀어내듯
헤쳐온 앎의 길이

일상의 사념들은
한쪽으로 제쳐놓고

심중에
고고히 서서
채운으로 물든다.

날마다 익어 가는
언어의 낱알들과

말없는 대화 속에
쌓이는 知(지)의 세계

언제나
흐뭇한 마음
마주하는 뿌듯함.

- 이정자, <앎> 전문 -

그 시기의 심경이 그대로 표출된 작품이지요.

부지런히 배우고 깨우치고 알아야합니다. 알고도 잘못한 것은 고칠 수 있는 여유가 있지만 모르고 잘 못한 것은 모르기 때문에 고칠 줄도 모릅니다. 그래서 모르는 죄가 실은 제일 크다고 합니다.

특히 여성들이 자신을 업그레이드하며 더욱 배우고 익히고 앞서야만 21세기 여성의 몫을 획득할 수 있습니다.

3) 자연과 친숙한 삶

자연 속에서 우리는 자신을 업그레이드하며 많은 것을 배웁니다. 자연은 심성을 순화시키고 감성을 풍부하게 하여 인생을 윤택하게 하는 寶庫(보고)입니다.

어느 날 은행나무를 보다가 "아! 어쩜 저렇게도 아름다울까?" 자신도 모르게 탄성을 울렸습니다. 우리 집 뒷마당에 있는 은행나무가 샛노랗게 물들어 그 아름다운 자태를 드러내고 있었습니다. 이곳으로 이사 온 후부터 나는 자연 속에 푹 빠져 있었습니다. 전에 살던 주택은 마당에 나무는 여러 그루 있었지만 매미 소리는 잘 들을 수 없었습니다. 어쩌나 마낭에 있는 대추나무 위로 매미가 날아와 요란스레 울다가 떠나가 버리면 그렇게 서운할 수가 없었습니다. 그런데 이곳으로 이사 온 후는 여름 내내 매미소리와 저녁이면 풀벌레 소리로 자연의 대 향연을 만끽하고 있습니다.

우리 집에 온 손님들은 모두가 한 마디씩 하는 말이 '조용해서 별장 같다' 고 했습니다. 사실 처음 이 곳으로 이사 왔을 때 나는 아침에 일어나면 창문을 열어 놓고 심호흡을 하곤 했습니다. 그러면 맑은 공기가 폐 속 깊숙이 빨려 들어가는 것을 느끼곤 했지요.

우리 집의 위치는 산을 낀 집이었고 산 위는 초등학교와 중학교가 있었습니다. 그러니까 원래 산이었는데 산 위를 깎아 길도 내고 학교를 지은 셈이지요. 그래서 우리 집에서 보면 산뿐인 것 같은 데 그 위가 학교이지요.

산에서는 사철 아름다운 자연 경관을 제공해 주었습니다. 봄이면 노란 개나리와 분홍빛 진달래가 푸른 새잎들과 어울려 아름다움을 더해주었고, 오월이면 아카시아 향기가 창문을 타고 방안까지 들어왔습니다. 여름이면 짙푸른 숲 속에서 들려오는 온갖 풀벌레 소리와 새들의 노래로 자연의 합창을 감상하게 하고, 가을이면 빨간 단풍잎과 샛노란 은행잎의 향연이 달밤의 귀뚜라미 울음소리와 함께 마음을 적셔주기도 합니다.

이 가을 드높은 파란 하늘을 이고 찬란하게 빛나는 샛노란 단풍잎을 보며 유년의 나를 부르기도 했습니다. 은행잎은 하늘하늘 손짓을 하더니 노란 나비가 되어 사뿐히 땅에 눕기도 했습니다. 떨어진 은행잎도 아름다웠습니다. 책갈피에 끼웁니다. 은행잎을 바라보며 시상을 떠올리기도 했습니다.

자연의 순리대로
피어나고 뻗어나고

마지막 순간까지
눈부시게 장식하다

떨어져
땅에 누워도
아름다운 삶이여!

- 이정자, <은행잎> 전문 -

사실 나는 이 때 그 찬란하게 눈부셔오는 은행잎을 보고 탄성과 함께 우리 인생을 생각해 보았습니다. '우리 인생도 저렇게 살 수 있다면 얼마나 좋을까'하고 말입니다. 마지막 순간까지 아름다울 수 있다면 ... 또 생을 마감하고 땅에 누워도 아름다울 수 있다면 ... 그 날 나는 은행잎을 바라보며 많은 것을 생각했습니다.

'일몰하는 태양이 노을빛으로 피어나
서녘 하늘을 아름답게 장식하듯,
한 해의 마감을 준비하는 단풍잎이
아름답게 물들어가듯,
수확을 기다리는 열매가 아름다운 색깔로 익어가듯,
내 인생의 마지막 모습도 아름답게 피었으면...... 하고, 기도했습니다.

또 하나 나를 매혹시킨 아름다운 겨울 풍경이 있었습니다. 산수유 열매였지요.

겨울철, 산이 온통 하얀 눈으로 덮이고 가지마다 눈꽃으로 피어날 때면 이 산수유나무에선 빨간 열매가 대롱대롱 매달려 눈꽃 속에서 재미있는 풍경화를 그리곤 했습니다. 그러한 정경을 나는 한참 동안 넋을 잃은 사람처럼 그저 바라보기만 하지요. 하얀 눈꽃 속에 피어난 빨간 열매는 그대로 순결한 정열의 꽃이었습니다. 자연의 아름다움에 감탄했습니다.

하얀 눈꽃 속에서 빨갛게 피어난 꽃망울처럼 아름다운 전경이었습니다. 산수유는 이른 봄 개나리처럼 잎보다 먼저 피어나는 노란 꽃입니다. 꽃이 활짝 피면서 잎이 돋아나지요. 그러면 노란꽃과 연두빛의 새잎이 어우러져 그 아름다움 또한 탄성과 함께 눈길을 멈

추게 합니다. 여름 내내 푸른 잎에 가리어 푸른 열매는 자취를 감춥니다. 가을에 낙엽이 되어 잎이 떨어지면서 빨간 열매가 모습을 드러내며 주렁주렁 앙증맞게 매달려 있지요. 아무도 따는 사람이 없습니다. 다행입니다. 그래서 이 겨울 하얀 눈꽃과 어울려 빨갛게 피어난 아름다운 정물화를 감상하게 됩니다. 그 때의 전경을 아래에 옮겨 봅니다.

이른봄
노랗게 핀 꽃들이
자태를 뽐내드니
여름 내내 무성한 잎들에 가리어
열매는 보이지 않았습니다.

가을에
낙엽이 들면서
빨갛게 익은 열매가
고개를 들었습니다

이 겨울
얼어붙은 빠알간 생명은
눈꽃과 어울려
가지마다
정물화를 그립니다.

- 이정자, <산수유>전문 -

한 폭의 아름다운 겨울 정물화이었습니다.

이렇게 우리는 자연 속에서 많을 것을 깨닫고, 많은 것을 배웁니다. 가을 날 황금벌판을 바라보면서 머리 숙인 벼이삭에서 성숙한 겸손을 배우고, 묵묵히 주인을 따르며 일하는 황소의 우직함에서 순직함을 배우고, 계절의 순환에서 인생의 4계를 배웁니다. 그리고 주기적인 파도의 숨소리에서 우주의 신비를 깨닫게 되고, 산맥을 보고 산을 보며, 바다를 보고 땅을 보며 인간인 우리가 <소우주>라는 것을 깨닫게 됩니다. 지구상에 산재되어 있는 206개의 산맥은 우리의 뼈의 숫자와 같고, 오대양 6대주는 우리의 오장 육부와 같고, 70%를 차지하는 바다와 30%에 이르는 땅은 우리 몸의 수분과 살의 비율이고......그래서 우리의 육체는 지구의 속성을 닮았고, 우리의 영은 창조주의 속성을 닮아 영혼은 불멸하되 육체는 결국은 흙으로 돌아간다는 것입니다. 그래서 흙으로 돌아갈 육체도 좋은 흙과 화합을 해야 하고 우리의 영은 불멸함으로 유한한 이 세상에서의 삶보다 실은 더 중요한 것이지요. 그래서 영원불멸한 이 영의 안식처를 위하여 바르게 준비를 해야 하는 것입니다. 사람마다 각자가 믿는 대상이 있습니다. 하나님, 부처님, 조상신.......등등. 그리고 그 대상에게 정성을 다하여 섬기는 것이지요.

하나님을 믿는 사람들은 먼저 예수 그리스도를 주님으로 영접하고 그의 십자가의 죽음이 내 죄를 용서하심이라는 것을 깨닫고, 감사하며 앞으로의 삶은 예수께서 다스려주시고 인도하여 주셔서 예수 안에서의 바람직한 삶이 될 것을 고백합니다. 그리고 교회에 나가서 주일마다 하나님께 예배를 드리지요.

부처님을 믿는 사람들은 개인마다 다른 것을 봅니다. 주위에 있는 사람들을 볼 때, 어떠한 소원을 이루기 위해 일정한 기한을 두고 불전에 나가서 하는 기도가 있고(100일 , 49일 , 7일 등등)수시로 스님을 찾아 깨달음을 구하는 사람도 있고, 초파일 등 특별한 날에나 가는 불자도 있습니다.

조상신을 섬기는 사람들은 말 그대로 조상을 잘 받드는 사람들로서 제사를 중요시하는 사람들이지요. 내세에 대한 소망은 거의 없는 것을 볼 수 있지요. 그들과 대화를 해보면 알 수 있습니다.

기독교는 먼저 하나님께 영광 드리는 생활 가운데 복된 생활이 주어지고, 불교나 기타 종교는 그 대상에게 나의 소원을 빌고 기도하는 기복신앙인 것을 알 수 있지요. 이것이 기독교와 타종교간의 차이점이기도 하고요.

자연과의 친숙한 생활은 도시 산업 사회에서 오는 현대인의 메마른 갈증을 씻어주고 감성을 풍성하게 합니다. 우주 만물을 창조한 창조주에 대한 경외감도 느끼고, 인간이 자연의 일부라는 오묘하고 신비한 자연의 질서에서 자연을 아끼고 사랑하는 마음, 더불어 사는 삶, 더불어 사는 사회를 형성합니다.

4) 로고스와의 대화를 나누는 삶

로고스logos는 신학에서는 말씀으로 해석되고, 철학자들은 이를 이성으로 받아 들였고, 문학에서는 양심의 소리 또는 내면의 소리로 이해하고 있습니다.

여기서 로고스와의 대화를 먼저 문학적인 의미로 생각해 봅시다. 내 자신과의 대화 내 내면의 양심에 귀를 고요히 기울어 봅니다. 심연으로 심연으로……그리고 내가 믿는 믿음의 대상에게 다가갑니다. 가장 순수한 내 자신을 바라볼 수 있지요.

자신과의 대화, 사색의 시간을 가진다는 것은 우리의 삶에 윤활유 같은 역할을 합니다. 자신을 돌아볼 수 있는 시간이기도 하고요. 특히 바쁘게 살아가는 현대인에게는 내년의 쉼터가 필요하지요.

바쁘게 바쁘게만 살아간 어떤 샐러리맨이 예기치 않게 그만 병에 걸려 병원에 누워 있는 신세가 되었습니다. 아플 여가도 없을 것 같은 그도 병원에 누워보고서야 자신을 되돌아보며 왜 그리도 바쁘게만 살았는지 자신도 모르겠다고 하는 소리를 들었습니다. 그러면서 덧붙인 말은 아마 이렇게 누울 때를 대비해서 그랬나 보다고도 했습니다.

로고스와의 대화에 필요성을 느끼는 사람은 화장실에 가 있는 아침 시간이 가장 오붓하고 행복한 시간이라는 말을 들었습니다. 누구도 근접 못하는 공간이고 나만의 시간을 누릴 수 있는 최적의 곳이라고요. 바쁘게 살아가는 현대인의 모습을 볼 수 있지요.

이에 비해 조용한 시간을 즐길 수 있는 주부들에게는 아이들까지

다 학교에 보낸 후의 시간이 적격이지요. 청소까지 다 마치고 차 한 잔의 향기를 음미하며 조용히 흘러나오는 좋아하는 음악을 감상하며 상상의 날개를 펼치고 자신과의 대화에 빠지는 것도 좋습니다. 사색을 통한 자신과의 대화는 바로 자신을 업그레이드하는 통로가 됩니다. 곧 마음을 정화시켜 주고, 자신을 되돌아보며 오늘을 반성하고 내일을 설계하여 보다 나은 삶, 보람된 삶을 누리게 합니다. 그리고 하고자하는 일을 정리하고 마무리시켜주는 단계이기도 합니다.

5) 지혜를 사모하는 삶

솔로몬는 지혜를 구하기 위해 하나님께 일천 번 제사를 드렸다고 성경은 말합니다. (열상 3:4)

"솔로몬의 지혜라 그는 기브온 산당에서 하나님께 일천 번제를 드렸습니다 꿈에 하나님이 나타나사

'내가 네게 무엇을 줄고
너는 구하라 내가 주리라' 하였습니다
솔로몬은 부귀도 영화도 구하지 않고
오직 이 백성을 잘 다스릴 수 있는
지식과 지혜를 구했습니다"

하나님은 그 마음을 귀히 여기사 지식과 지혜 위에 부귀와 영화도 덤으로 주셨습니다.

지도층에 있다는 사람들이 줄줄이 구속되는 것을 보면서 또 IMF 이 후 어려운 시대를 맞고 살면서 우리의 지도자들은 하나님께 무엇을 구했을까 생각하게 합니다. 진정으로 이 백성을 잘 다스릴 수 있는 지식과 지혜를 구하는 지도자가 되었으면 합니다.

솔로몬이 그 백성을 잘 다스릴 수 있는 지혜를 하나님께 구하였듯이 오늘의 지도자들도 올바른 판단의 지혜를 구하였으면 하는 마음이 간절합니다. 당리당략을 버리고 진정으로 이 백성을 위하여 정치를 펼치면 솔로몬에게 내려진 그 부귀와 영광이 그 개인에게 뿐 아니라 이 나라에도 임할 줄 믿습니다.

개인이나 당리당략을 떠나 그것이 진정으로 국민을 위한 정책이

고 국가를 위한 지혜로운 판단으로 이루어졌다면 여론의 눈치를 보지 말고 정책을 밀고 나가야 되고요. 히딩크식 경영이니 히딩크식 리드쉽이니.......하는데 지금까지 이런 경영방식이나 지도자가 없었던 것은 아니라고 봅니다. 모대기업의 경영방식이 과거부터 그렇고, 국민의 눈치나 보고 인기에 연연하지 않고 옳다고 판단하는 국가 경영에는 그대로 밀고 나간 정치가도 있었다고 봅니다. 소수의 반대가 있더라도 밀고 나갈 것은 밀고 나가야된다고 봅니다. 그것이 진정 국민을 위한 길이라면 말입니다. 그리고 국민의 생활을 업그레이드 하는 길이라면 말입니다.

어느 시대든 여성의 역할이 중요합니다. 곧 어머니의 역할이 자녀 교육에서 크다는 뜻이기도 하지요. 그래서 여성이 더 많이 알고 더 많이 배우고 지혜로워야 합니다. 유대인의 교육은 어머니에게 큰 비중을 주고 있습니다. 그래서 타민족과 결혼을 했을 경우 유대민족으로 귀속하는 기준을 모계로 정합니다. 곧 아버지쪽이 아니라 어머니쪽이 유대인이면 유대민족으로 봅니다. 그만큼 어머니의 교육을 중히 여기는 것이지요. 이것은 모세가 애굽의 왕궁에서 공주의 아들로 자랐지만 유모로 들어간 어머니의 교육을 통하여 자기의 정체성을 깨닫고 애굽에서 400여년 동안 노예생활을 하던 자기 민족을 이끌고 탈출한 것을 보아도 짐작할 수 있지요.

지혜는 누구나 갖고자합니다. 지식은 배움으로써 쌓아갈 수 있지만 지혜는 지식과는 다릅니다. 내가 갖고자 원한다고 지식을 취하듯 그렇게 얻어지는 것도 아니지요. 오히려 지식을 앞세우다가 지혜롭지 못한 행동을 할 때가 있습니다. 교양도 마찬가지이지요. 지식인이라고 모두가 교양인이 아닌 것과 같습니다.

지혜는 교양을 갖추어가듯 꾸준히 얻어지는 良識(양식)입니다. 지혜의 사전적인 뜻은 '옳고 그름을 판단하는 능력'입니다. 그러한 지혜는 경험과 교양과 지식과 영감이 함께 어우러진 良識(양식)에서 온다고 하겠습니다. 옛 어른들의 지혜는 생활의 지혜로 인생경험에서 오는 것이 많지요. 그런가 하면 아이들의 지혜는 보석처럼 반짝이는 순수한 이성의 소리이기도 하고요.

솔로몬이 그랬듯이 지혜로운 지도자는 그 나라를 반석 위에 올려놓습니다. 더욱이 여성의 지혜는 엄마로서 아내로서 며느리로서…… 보석처럼 빛이 날 것입니다. 어머니의 지혜는 자녀의 교육에 지침이 될 것이며, 아내의 지혜는 남편의 내조에 거울이 될 것이고, 나아가 국가의 경영에도 크게 이바지할 것입니다.

지혜로운 아내, 지혜로운 엄마, 지혜로운 여성지도자, 얼마나 좋은 말이고 듣고 싶은 말입니까? 지혜를 사모하는 여성이 됩시다. 지금의 여러 정황으로 보아도 21세기는 여성의 시대가 될 것이라고 합니다. 꾸준히 노력하는 자에게는 꿈은 이루어진다는 말이 있듯이 여성이 이루고자 하는 그 모든 권익도, 지혜롭게 꾸준히 얻기를 사모하고 노력하면 얻어질 것입니다.

모처럼 민족 화합의 장이 된 월드컵의 영광을 계기로 우리나라도 이제 진정으로 <동방의 빛의 나라>로서 떳떳하게 그 소임을 다하고, 우리 여성도 당당하게 어깨를 나란히 정치에도 경제에도 문화에도 보다 많이 앞에 서서, 태극 전사들을 응원했던 그 열기로 여성의 지위도 이제 세계 위에 우뚝 설 날이 곧 오리라 믿습니다.

* 본고는 [21세기로 가는 지도자상]이란 제목으로 [전국 여목회자대회]에서의 특강 내용을 수정 보완했음을 밝힙니다.

2. 죽음의 문전을 넘어

'내일 지구가 멸망한다' 하더라도
사과나무를 심겠다'고 하여
적극적인 삶의 의욕을 보인 듯한
쇼펜하우에르Schopenhauer(1788-1860)는
실은 염세주의자였습니다.
지구가 멸망하는 마당에 나무를 심다니?!
염세주의자의 역설적인 말 같지만 가장 순수한
인간의 말이기도 합니다.

1) 유서를 쓰면서

'내일 지구가 멸망한다 하더라도 사과나무를 심겠다'고 하여 적극적인 삶의 의욕을 보인 듯한 Schopenhauer(1788-1860)는 실은

염세주의자였습니다. 지구가 멸망하는 마당에 나무를 심다니?! 염세주의자의 역설적인 말 같지만 가장 순수한 인간의 말이기도 합니다.

사람이 죽음 앞에서 가장 순수하다고 합니다. 본연의 자기가 가장 잘 나타난다는 것이지요. 그래서 죽음을 예견하고 써둔 유서나 유언이 가장 진실하고 법적 효과를 나타내는 것입니다.

내 나이 不惑(불혹)을 맞이하면서 나는 심한 병에 걸렸습니다. 유방암 수술을 했지요. 힘든 나날을 보내야 했습니다.

그간 뒤도 돌아보지 않고 그야말로 앞만 바라보며 줄기차게 달려온 지난 세월을 병석에 눕고서야 돌아보게 되었지요. 그간 앞만 보고 부지런히 저축하고, 계획하고, 집을 장만하고, 살림을 늘리고, 아이들 학교에 보내고, 알뜰히 바쁘게 살았지요.

그러다 이렇게 덜컥 중병에 걸리고 나니 만사가 허무하였습니다. 그것도, 악성 암이라니! 결혼과 함께 10여 년을 계획하고 설계하여 이제 제대로 자리를 잡았는데, 정말 기가 막히는 일이지요. 이대로 내가 떠난다면 이 세상에 와서 내가 이루어 놓은 것이 아무것도 없다는 것이 나를 비참하게 했습니다. 그저 내 가정하나를 지키기 위해서 나 자신도 잊어버리고 앞만 보고 살아온 것뿐이었으니까요.

자식이 아플 때는 내가 대신 아파 주고 싶은 것이 부모의 마음이고 엄마의 마음이겠지요. 나 또한 그러한 마음으로 아이들을 길렀지요. 지금은 건강하게 잘 사는 내 딸이 7살이 들면서 척추 수술을 했을 때 눈물로 세월을 보내며 기도하고 간구하고 부탁하고……내가 대신 아파 주고 싶었지요.

그랬는데 정작 내 자신이 생사의 기로를 헤매며 실제로 이런 중병에 걸리고 나니 딸이 아픈 것은 그래도 제2인자의 위치에서 바라본 것이었고, 더욱 절실한 감정으로 다가오는 것은 나 자신의 아픔이었습니다. '유서를 쓰면서' 삶에 대한 강한 애착이 본능적으로 다가왔고요.

아침 7시에 수술실에 들어가서 저녁 8시에 회복실에서 깨어났습니다. 밤을 하얗게 새며 고통의 멍에를 짊어졌습니다. 강 건너 불구경하던 신앙에서 찬송가 330장을 부르며 절대자께 나 자신을 맡겼습니다.

2) 오직 건강을 생각하며

수술 후 5년여 동안 나는 오로지 건강 회복을 위해 살았습니다. 그 동안 앞만 보고 살아온 내 삶을 후회도 했지요. 그래서 건강을 겨우 회복한 후 그 동안 놀아보지도 못하고 어디 제대로 가보지도 못하고 살아온 그 간의 생을 보상이라도 하듯 세속적인 즐거움을 취하여 많이 돌아 다녔습니다. 그 때 나를 잘 아는 L선생은 '변해도 이상하게 변했다'고 했지요. 그 말은 아프기 전에는 그렇지 않았는데 아픈 후부터는 내가 세상적인 悅樂(열락)을 즐기고 다니는 것으로 보였기 때문이지요.

그 때 사실 우리 부부는 도예가 L씨 부부와 잘 어울려 다녔고, 이천에 있는 그의 작업실인 '淸雲窯(청운요)'에 가서 도자기도 만들며 즐거운 시간을 많이 가졌지요. 그 때의 작품이 현재도 꽤 많이 우리 집에 있습니다. 수석 작품도 그 때 많이 했고요. 그 당시 80년대는 도예와 수석 애호가들이 많았지요. 또 분재도 많이 했고요. 그 때는 이러한 취미에 느긋이 빠지고 싶었습니다. 어딘가 취미에 집중할 수 있다는 것이 건강에도 좋았고요. 사실 나는 30대까지는 '내가 노력만 하면, 내가 하려고만 하면 뭐든 이룰 것 같은 자신감'이 있었습니다. 그래서 먼저 가정 경제를 어느 수준에 올려놓은 후 내가 이루지 못한 학창 시절의 꿈도 이루리라는 자신감도 있었고요.

그런데 불혹의 나이에 접어들면서 이렇게 큰 수술을 한 뒤부터는 매사에 자신감이 없었어요. 무엇보다 건강에 자신이 없었지요. 그저 건강하게만 사는 데까지 살고 싶었습니다. 그래서 남편과 함께 주말이면 서울 근교 시골 땅을 보러 다니기도 했지요. 그러다 양평에다가 논밭을 사두기도 했고요. 공기 좋은 시골에 살면 몸이 건강해질 것 같은 마음이 들었기 때문이지요. 그래서 수술 후 약 5년 여 간은 살림은 가정부에게 맡겨 두고 오로지 나 자신의 건강을 위해 살았습니다. 그 이유는 수술 후 5년이 지나야만 안심한다는 의사 선생님의 말이 있었기 때문이지요. 그렇게 5년이 지났습니다.

3) 살아 온 날을 돌아보며

어느 날부터 서서히 뇌리를 스쳐 지나가는 것이 있었어요. '이것이 아닌데, 이렇게 사는 것이 내가 아닌데,' 내 생활을 바꾸어야 된다는 생각이 강렬하게 일어났습니다. 학교가 생각났지요. 동창회도 생각났고요. '그래 내가 학교에 다닐 때 꿈이 있었지. 그것을 이루기 위해 내가 어떻게 공부했지?......그리고 내가 받은 장학금은? ...'

사실 나는 유학을 가기 위해 4학년 때부터 준비를 했습니다. 그래서 졸업 후 3월부터 <코리아 헤랄드Korea Herald>유학반 코스를 다니면서 문교부 유학시험도 합격했고요. 그 때는 영어뿐 아니라 국사도 함께 합격해야만 했지요. 그리고 미국 대학에서 요구하는 '미시간 테스트'를 일주일 정도 앞두고 내가 쓰러지고 말았습니다. 그것이 6월 15일 -. 그렇게 하여 유학의 꿈은 접어지고 건강을 겨우 회복하여 그 해 11월에 결혼을 했지요. 그리고 가정에 안주하게 되었고.......

먼저 동창회장을 만났습니다. 나보다 3년 선배였어요. 동창회에 봉사할 뜻을 밝혔습니다. 마침 그 다음해가 '우리科' 30주년이었습니다. 三十而立(삼십이입)이라 우리과도 뜻을 세울 연륜이 되었다는 의미를 부여하기도 했습니다. 동창회 임원들이 모여 많은 의논과 토론을 거쳐 <동창회지>를 만들기로 했습니다. 그리고 <동창 장학기금>도 모금하기로 했고요.

동창회지에 대한 기대는 컸습니다. 교수님들이나 동창회 모두가 적극적으로 참여하고 협력해서 만들어진 <동창회지> 창간호이었습니다. 여기서 필자는 '학과 30년사'를 썼고 편집 책임을 맡았습니다.

동창회에 참석하면서, 성공한 동창들을 바라보면서 공부를 해야겠다는 생각이 마음에서 떠나지 않았습니다. 그래서 내가 교육 대학원에 다닐 때 담당교수님이셨던 K선생님을 찾아가 상담을 하였습니다. 그래서 다시 재도전하여 학문의 길에 들어섰습니다. 그 때 내가 학문의 길을 넘다보며 어떻게 시작할 것인가 하고 망설이고 있을 때 후배인 수필가 S씨가 나에게 말했습니다. "언니, 늦었다고 생각할 때 그 때가 바로 시작의 기회"라고-. 그 후 그 시기를 회상하며 쓴 시가 있습니다. <벽을 깨고>입니다. 그 전문을 올려보면 다음과 같습니다.

다시 학문의 길을 넘다 보며
망설이고 망설일 때
후배가 나에게 말했습니다
'시작하기에는 늦었다고 생각할 때
바로 그 때가 시작의 기회'라고

그렇게 하여
다시 학문을 하면서
나는 새로운 것을 발견했습니다.
'안정을 찾은
연륜의 나이테에서 오는
자신감을 -'

새 힘이 생기고
용기가 나고
집중하는 열정이 샘솟았습니다.

그것은 , 분명
연륜의 벽을 깨고,
일어선
원숙한 자아의 열매였습니다.

- 이정자, <벽을 깨고> 전문 -

위의 시는 필자의 다른 시 '가을 꽃 여울 타고'와 함께 한국작곡가 협회 부회장으로 있는 이영자 선생이 작곡하여 소프라노 이성희 교수의 노래로 한국작곡가협회 <한국신가곡집>에 수록되어 CD로 나와 있습니다. 자연의 아름다운 경치가 시인의 아름다운 시어로 표출될 때 그 미적 가치가 완성되듯 나의 시가 성악가의 아름다운 노래로 불리어지는 것을 감상하면서 그 때의 내 절실한 마음을 새롭게 풍성하게 되새겨 봅니다.

사람은 죽음의 문전에 서 있을 때 가장 순수해진다고 하지요.

<벽을 깨고>는 그 죽음을 극복하고 일어선 제2의 내 삶의 첫 장입니다.

4) 아쉬운 날들

지금은 내 생활의 근거지가 서울이 아닌 충주인 셈입니다. 객지인 이 곳에 와서 개인적으로도 조금은 자유스럽게 마음을 열어 놓을 수 있는 사람들이 있다면 풀꽃회원들과의 만남입니다. 그 이유는 내 평생 밤 12시를 넘어서 집에 들어오게 한 것도 이들과의 만남의 연장이었고 1년에 한 번 노래방에 가 보는 것도 이들과 만남이고, 맥주라도 맛을 보며 "성경에는 술을 먹지 말라는 말은 없다"
면서 홀짝거리는 곳이 이들과의 만남이고, 단지 "취하지 말라"고 했다며 아무리 권해도 선을 그으며 사양하는 것도 이들과의 만남에서입니다. 이 곳 충주에 오기 전까지는 그래도 참석했던 서울에서의 <흐름 동인>들과의 만남이 있었지만 한 번도 2차에도 가 보지 않았으니 3차의 기분을 알리도 없었습니다. 그래서 대학 동창인 친구가 "얘, 너 같이 이지적인 사람이 무슨 시를 쓰느냐"고 하는 말도 들었습니다. 그렇게 평생을 고지식하게 살다가 이제는 나이 탓도 있지만 나 자신도 마음을 많이 열어놓은 상태라 할 수 있습니다.

가깝게 느껴지는 사람들과 만나면 얘기도 잘합니다. 그래서 Y교수님은 나를 보고 이제 보니 "靜子"가 아니란 말도 들었습니다. 그것은 내 이름이 한문으로 '고요정'인데 고요한 것만이 아니고 얘기도 잘 하더라는 겁니다. 서로 대화가 통하는 사람들과는 얘기도 잘 하는 편입니다.

또 이 곳 충주에서의 아름다운 추억 중의 하나는 [풀꽃]회원들과 산나물 캐러 산을 오른 경험입니다. 월악산 어느 산등성이를 끼고 오르면 고사리가 많은데 외지인들도 꽤나 와서 채취해서 가는 모양입니다. 우리가 간 그 날도 차를 농로에 세워놓고 봄나들이 겸 산에 올라 부부가 고사리를 뜯는 것을 보았습니다. 그 곳 고사리가 아주 맛이 있어 해마다 이곳에서 뜯어가서 살짝 데쳐서 냉동실에 넣어 두었다가 명절 때나 조상님 제사상에 올린다고 합니다. 방금 산에서 뜯어온 것 같이 싱싱하고 보기도 좋고 맛도 좋다고도 했습니다.

그 곳이 전 풀꽃회장의 친정집이 있는 동네라 우리가 준비해간 고기로 친정집의 널찍한 시골마당에서 즉석 바베큐를 하여 직접 가꾼 깨끗한 상추와 쑥갓으로 쌈을 싸서 맛있게 점심을 먹었습니다. 그리고 산에 올랐습니다. 비가 스쳐간 뒤라 발목을 적시는 줄도 모르고 목적물을 하나씩 찾으며 산을 오르는 그 기분은 경험하지 않고는 모릅니다. 그래서 나물을 뜯으며 산을 헤매는 그 순간은 방향감각도 오르는 위치도 잊어버리게 됩니다. 그래서 산나물 뜯으러 산에 올랐다가 길을 잃어버리는 경우가 있습니다. 우리는 산에서 나물 뜯다가 길을 잃어버린다는 그 말을 서로 상기시키며 서로 신호를 보내며 행동했습니다. 산에서 고사리를 따고 취나물을 뜯으며 느끼는 그 기분은 저절로 건강이 내 몸 속으로 확확 빨려 들어오는 기분이었습니다.

충주에 오고 내가 몸이 건강해진 것은 이러한 좋은 공기를 많이 마시기 때문인 것으로 압니다. 어린 시절을 빼고는 서울에서 수 십 년을 살아서 시골의 신선한 공기를 이렇게 마음껏 마실 기회가 없었습니다. 그러다 이곳에 와서 좋은 공기 속에서 자연과 더불어 살아가니 몸이 건강해졌나 봅니다. 몸이 건강해지니 마음에 여유가 생기고, 마음에 여유가 생기니 얘기도 잘하게 되는 것 같습니다. 또 얘기를 해도 몸이 피곤치 않으니 얘기를 잘하게 됩니다. 몸이 약할 때는 조금만 얘기를 해도 피곤하기 때문에 될 수 있는 대로 말을 아낀 것이라 할 수 있습니다. 사실 나는 30대는 육아와 병마에 많이 시달렸고 결국은 40에 들면서 큰 수술을 하여 그 회복시기로 40대를 거의 보냈습니다. 그러니 건강으로 인해 얼마나 힘들었겠습니까.

건강을 겨우 찾았을 때는 50을 바라보게 되었고 건강을 찾으니 다시 삶에 대한 의욕과 함께 이루지 못한 꿈에 대한 갈망에서 힘들게 다시 학문의 길을 찾은 것입니다.

학문을 하면서 이상하리만큼 아픈 곳이 없어졌고, 집중적으로 내 하고 싶은 일에 열중하게 되었습니다. 내가 크게 아픈 후였기 때문에 가족들도 모두 도와주었습니다. 남편은 남편대로 평생 신앙으로 다져진 마음에 신학의 길을 택해 신학대학원을 가서 목회학을 공부하게 되었고, 나는 일반 대학원을 가서 국문학을 공부하게 되었습니다. 그래서 두 사람이 모두 자기 공부를 하였기 때문에 서로 도움이 되었습니다. 그리고 각자 자기 공부의 과정을 마친 후 나는 나의 꿈을 이루어 대학 강단에 서게 되었고, 남편은 교직을 명예퇴임하고, 자기의 꿈을 이루어 목회자의 길을 택한 것입니다.

이렇게 해서 이 곳 충주에서 제2의 인생을 우리 부부는 만족하며, 감사하며 살고 있습니다. 이제 세 아이들도 모두 독립하여 각자의 가정을 이루고 든든한 직장 생활을 하여 부모 걱정 끼치지 않고 잘 살고 있습니다. 우리는 우리의 제2의 인생을 공기 좋고 물 맑고 사람 좋은 이 곳 충주에서 보다 아름답게, 보다 보람되게, 보다 멋있게 살려고 하고, 현재 그것을 이루고 있습니다.

5) 다시 태어나도

나는 가르치는 것을 좋아합니다. 그래서 교직을 사랑합니다. 다시 태어나도 교직을 택할 것이라고 학생들 앞에서도 당당히 말합니다.

교직은 끊임없이 자신을 개발하고 시대를 앞서가야 된다고 봅니다. 젊은 학생들을 이해하고 그들과 호흡을 같이하기 위해서는 그들과 함께 시대에 민감해야 한다고 봅니다.

전자 메일이 나오고 그것을 나는 활용하지 않을 때의 얘기입니다. 학위를 취득하고 처음 나온 30대 초반의 강의 교수가 있었습니다. 학생들과 수업에 대한 문답을 나눈 후 "저녁에 메일로 해"하는 것이었습니다. 그 때 나는 충격을 받았습니다. "그래, 학생들과 호흡을 같이하기 위해서는 메일도 해야 돼"라고 그 날 혼자 다짐했습니다. 그리고 주말에 막내가 왔기에 메일을 배웠습니다. 그렇게 편리하고 쉬운 것을 배우지도 않고 활용하지 않았으니 그 만큼 젊은 사람들보다 뒤진 셈이었지요. 그 때부터 학생들이 관심을 가지고 하는 것과 할 수 있는 것은 젊은 사람 못지않게 나도 배워서 하기로 마음먹었습니다. 그래서 그 다음으로 배운 것이 '태그'였습니다.

막내가 기초를 확실히 가르쳐 주었습니다. 그 다음부터는 용어를 하나하나 익히며 '소스'를 살피면서 혼자 터득했습니다. 그렇게 배운 후 아름다운 영상과 음악과 함께 영상시를 만들어 문학카페에 올리기도 했습니다. 그러다가 아예 학생들과의 교류를 위해서 미니홈피를 개설하였습니다. 게시판 폴더만 추가하면 얼마든지 다양하게 활용할 수 있어 좋습니다. 화면이 좀 작게 보이는 것이 흠이지만 작지만 알차게 운용할 수 있고 사이버상의 막대한 공간이 주어지기 때문에 아주 좋습니다. 그래서 그 공간도 차를 마시며 문화 예술을 감상할 수 있는 오붓한 쉼터가 됩니다. 방명록을 통하여 학생들과의 교류도 보다 가깝고 쉽습니다. 요즈음 학생들은 미니홈피나 블로그는 거의 다 갖고 있습니다. 미니홈피가 없으면 친구들과의 만남이나 교류가 되지 않는다고 합니다. 대학 친구는 핸드폰으로 서로 연락도 하지만 고등학교 친구들만 해도 미니홈피가 없으면 서로 연락이 안 된다고 하니 인터넷상에서의 문화공간의 위력을 알 수 있습니다.

학생들의 홈피도 찾아가보면 그 학생에 대해서 잘 알 수 있습니다. 취향과 성격 친구들까지 한 눈에 보입니다. 그래서 요즈음은 그 사람의 홈피를 찾아가면 그 사람에 대해서 제일 잘 안다고도 합니다. 그 정도로 개인의 홈피는 곧 그 자신의 거울입니다. 그래서 모두들 자기 홈피나 블로그를 가꾸기에 시간을 꽤나 할애하는 것을 봅니다. 학생들의 홈피에 들어가 보면 어떤 학생은 "이러면 안 되는데 시간이 너무 지나갔다. 저녁 먹고 벌써 3시간이나 지났다"고 하며 레포트 걱정을 하고, 공부할 걱정을 하는 것을 가끔 보게 됩니다. 그런 학생의 홈피는 풍성하게 잘 가꾸어져 있습니다. 그런 시간이 많아지면 인터넷 중독이라 하겠지요. 사실 미니 홈피도 관리하면서 몇 작품을 올리다 보면 시간이 훌쩍 지나곤 합니다. 그래서 바쁘게 사는 사람들에게는 개인 홈피 관리는 불가능하고 무엇보다 마음의 여유가 없는 사람에게는 자기 홈피 가진 다는 것이 쉬운 일이 아닙니다. 방명록에 답해주는 것도 시간과 마음의 여유가 있어야하니까요. 사람은 무슨 일을 시작하여 그에 대해 좀 알고 보면 보다 잘하려는 욕심이 생기기 마련입니다. 때문에 어느 선에서 자기 절제가 필요합니다. 사이버 공간에서의 즐김도 내 필요에 의해서 활용하고, 잠간 동안의 쉼터가 되어야지 거기에 이용당하거나 빠지면 안 된다는 것을 알게 됩니다. 인터넷에 중독이 되어 내 본분을 소홀히 하면 안 되니까요. 그래서 뭣을 하든 자기절제의 힘이 필요합니다.

나 자신도 미니 홈피가 있고 블로그도 있습니다. 나름대로 가꾸고 있습니다. 나의 쉼터로서 활용합니다. 내 '시'도 올리고 좋은 글도 발견하면 올리고 좋은 그림도 올리고, 좋은 영상도 올리고, 사진도 올리고 음악도 올리곤 합니다. 그래서 영상과 좋은 글과 음악을 함께 감상하며 마음의 쉼터로 활용하고 있습니다. 미니홈피는 주로 학생들과의 만남이고, 블로그는 다양한 사람들이 찾아오는 것으로 압니다. 작품을 올리면 스크랩을 해가는 사람도 있고, 글을 남기는 사람도 있습니다. 그래도 답은 안하고 못합니다. 왜냐하면 일일이 답을 하다보면 시간이 많이 소비되니까요. 말 그대로 [내 마음의 쉼터]로서, 학생들과의 교류로서 활용합니다.

3. 긍정적인 삶을 위하여

우리는 살아가면서 여러 면에서
선택의 기로에 설 때가 있습니다.
사소한 일에서부터 내 앞길을 좌우할
인생의 큰일에 이르기까지 말입니다.

모든 사물이 다 그렇듯이 이 세상도
보는 이의 관점에 따라 이렇게도 볼 수 있고
저렇게도 볼 수 있습니다.
문제는 어디에다가 그 가치 기준을
두느냐에 있습니다.

1) 오늘을 내일로 보며

우리는 살아가면서 여러 면에서 선택의 기로에 설 때가 있습니다. 사소한 일에서부터 내 앞길을 좌우할 인생의 큰일에 이르기까지 말입니다.

12월 마지막 달력을 바라보면서 참 시간은 빠르게 지나간다는 생각을 하게 됩니다. 채 다 녹지도 않은 언 땅을 비집고 파릇파릇 돋아나는 새싹에서 생명의 강인함을 보는가 싶더니, 여름날의 그 왕성한 푸르름도 가을날의 그 아름다운 채색옷도 다 벗어버리고 겨울을 맞이하며 순응하는 자연의 모습에서 인생을 배우게 됩니다. 우리는 지식을 앞세워 순리를 거역할 때도 있습니다. 어떤 때에는 이느 것이 정의이고 불의인지 조차 헷갈릴 때가 있습니다 이쪽 말을 들어보면 이쪽이 옳은 것도 같고 저쪽 말을 들어보면 저쪽이 맞은 것도 같고… 이런 저런 세상사를 겪으면서 때로는 묵묵히 바라보는 방관자의 위치에 서기도 합니다.

몇 년 전 신문에서 '서울대 출신 고시 합격자 포함 9명 출가'라는 신문 기사를 보았습니다. 이들은 '서울대 불교 서클 동문들'로서 박사도, 고시합격도 다 필요 없다며 학업과 직장을 초개같이 내던지고 잇달아 출가했습니다. 제 3자의 눈으로 볼 때, 산사에 들어간 이들 젊은이들은 이 사회에서 살아가기에 더 좋은 조건을 갖추고 있고, 또 이 사회에서 그에 걸맞은 할 일도 많이 있을 텐데 어찌하여 산사에 들어갔을까? 하고 의아해지기도 했습니다. 하기야 석가부터 왕궁의 부귀영화도 다 버리고 출가하여 부처님이 되었으니 그 제자가 되고자 하는 사람들이 그 뒤를 따라야 되지 않겠는가? 하고 생각해 보기도 하지만 꼭 그렇게 해야만 하는가? 하고 문제를 제기해 보기도 합니다. 그것도 한 사람이 아닌 집단으로 말입니다.

이와 비슷한 시기 '이것이 인생'이란 TV 프로에서 88올림픽 유망주였던 전 체조선수 김소영에 대한 이야기가 나왔습니다. 휠체어에 앉아 있어도 웃음 띤 밝은 표정이 안정되고 평화스러워 보였습니다. 여리게 보이면서도 역경을 이겨낸 승리자의 모습이었습니다. 앞으로의 계획을 묻는 사회자의 질문에 '장애자의 편의를 위한 사업에 힘쓰겠다'고 했습니다. '장애자가 되지 않았다면 그러한 일을 생각지 못했을 것이라며 자기가 이렇게 된 것도 장애인을 위한 도구로 쓰시기 위한 '하나님의 뜻'임을 비추었습니다. 이러한 그녀의 말은 신앙의 힘이 얼마나 위대한 가를 깨닫게 해주었습니다.

88올림픽 대표선수, 16세의 꿈 많은 소녀의 운명을 바꾸어 놓은 그 날, 그녀는 힘든 훈련을 하면서 신체적인 컨디션이 좋지 않음을 알았습니다. 그러면서도 책임과 의무감에 훈련을 게을리 할 수가 없었습니다. 끝까지 인내하리라 생각한 것이 '앗!'하는 순간 떨어져 이렇게 육체적인 불구가 되었습니다. 10년이란 그 많은 세월 동안 어려움도 많았고 좌절도 많았겠지만 용감하게 새로운 모습으로 일어선 김소영-. 그녀에게 박수를 보냅니다. 손 하나 정상적으로 제대로 움직이지 못하는 상황에서도 컴퓨터를 두드리고 원고를 작성하며 체조해설자로 활동하는 그녀를 보며 뜨거운 감동을 받았습니다. 이렇게 온전치 못한 신체적 조건에서도 그녀로 하여금 보람된 활동을 하게끔 만든 그 용기와 의욕은 어디서 나왔을까요? 그것은 물론 주위의 관심과 위로도 있었겠지만 무엇보다 그녀가 믿고 있는 신앙의 힘입니다. 그리고 거기서 나온 마음의 자세입니다.

신앙의 힘은 대단한 것입니다. 요즘 같은 취업난과 고시열풍에서도 그 좋은 직업과 고시합격을 초개같이 버리게 하고 산사로 향하게 한 부처의 힘(가르침), 그런가하면 꿈 많던 과거를 회상하며 눈물과 한숨으로 지세 울 수 있는 한 소녀의 운명을 밝고 아름답게 보람된 삶을 살 수 있도록 인도해 준 예수의 힘(가르침). 이렇게 우리의 삶은 그가 믿는 신앙의 대상에 따라서도 운명이 바뀌어 짐을 볼 수 있습니다. 어느 길이 옳고 그릇되고는 각자의 관점에 따라 다르기 때문에 논할 바가 아닙니다만 이 세상 삶의 현장을 본 관점에서는 분명히 긍정적인 삶과 부정적인 삶으로 나눌 수 있습니다. 먼저 전자를 살펴볼 때 9명이라는 불교 학생회원이 이 세상을 긍정적이고 살기 좋은 아름다운 세상으로 보았다면, 또 이곳에서의 자기 존재의 필요성을 느꼈다면 자기의 그 자리를 초개같이 버리고 세상적인 緣(연)을 끊고 산 속으로 출가하지는 않았을 것이라는 생각을 해봅니다.

세상을 살아가는 데에는 물론 여러 가지 유형의 사람이 있습니다. 온전한 육체를 가지고도 제 갈 길을 제대로 못 가고 불평하며 타인에게 피해를 주는 사람이 있는가 하면 현재의 삶이 힘이 들고 몸이 성치 않으면서도 더욱 더 남을 위해 봉사하며 열심히 살아가는 사람들도 우리 주위에는 많이 있음을 봅니다. 그래서 육체적인 불구자들 보다 마음의 불구자들이 우리를 더욱 슬프게 합니다.

모든 사물이 다 그렇듯이 이 세상도 보는 이의 관점에 따라 이렇게도 볼 수 있고 저렇게도 볼 수 있습니다. 문제는 어디에다가 그 가치 기준을 두느냐에 있습니다. 이 세상은 아름다움만 있는 것도 아니고 그렇다고 추한 것만 있는 것도 아닙니다.

마찬가지로 나의 삶도 이 세상 속에서 나에게 주어진 환경과 조건 속에서 최선을 다하며 열심히 살아가면 거기서 보람된 일도 많고 또 즐거운 일도 있어서 기쁨이 넘치는 생활을 할 수도 있습니다. 반대로 매사에 부정적인 생각을 가지고 부정적인 면만 바라보고 생활한다면 그의 삶은 언제나 부정적인 삶이 되고 그에게는 항상 어두운 불행의 그림자가 따라 다닐 것입니다. 똑 같은 일에도 생각하는 관점에 따라 행복과 불행이 나누어짐을 다음 이야기에서도 알 수 있습니다.

성전 공사장에서 벽돌을 나르는 두 사람이 있었습니다. 그에게 어떤 사람이 물었습니다. '당신은 이 벽돌을 나르면서 어떤 생각을 하느냐?'고- 그랬더니 한 사람은 말하기를 '배운 것은 없고 목구멍이 포도청이라 할 수 없이 하는 일'이라고 하며 삶에 지친 듯한 어조로 입을 열었습니다. 그런데 다른 한 사람은 행복한 모습으로 활짝 웃으며 '아 얼마나 좋습니까. 나의 이 적은 힘으로 성전을 만드는데 보탬이 된다는 것을 생각하면 행복합니다'라고 했습니다.

이렇게 똑 같은 일을 하는데도 그 생각에는 엄청난 차이가 있음을 보여주는 얘기입니다. 그래서 행복은 자기 자신이 만들어 가는 것이라고 합니다. 적은 일에도 감사하며 만족할 줄 아는 사람이 있는가하면 그렇지 않은 사람도 있습니다. 주어진 몫에 보람을 가지고 최선을 다 하는 사람이 있는가하면 그렇지 않은 사람도 있습니다. 모든 것을 긍정적으로 살아가는 사람이 있는가하면 그렇지 않은 사람도 있습니다. 남이 볼 때는 행복한 조건이 충분히 있는데도 그것을 못 누리고 별 것도 아닌 어두운 그림자 속에서 헤매며 불평을 늘어놓는 사람도 있습니다. 그래서 '모든 것은 마음 하나 바로 놓기에 달려 있다'고 합니다.

우리가 살아가는 데에도 엄밀히 따져보면 모든 면에서 두 개의 길이 있습니다. '이것이냐 저것이냐.'입니다. 곧 '긍정적인 삶을 택할 것인가 부정적인 삶을 택할 것이냐' 와 '정의롭게 살 것이냐 의롭지 못하게 살 것이냐' 입니다. 요즈음 같이 혼탁한 사회에서는 이것이 헷갈릴 때가 있습니다. 하지만 그 중심을 바로 보면 어느 것이 '바른 길'이고 어느 길이 '바른 길이 아니라'는 것은 가릴 수 있습니다.

매년 새해가 되면 우리는 한 해의 계획을 세웁니다. 하지만 어느 해든 다 만족스럽게 할 때가 드뭅니다. 항상 부족함을 느끼면서도, 미완으로 둡니다. 그리고 완성을 향해 또 새해를 맞이합니다. 이것이 우리의 인생이고, 부족한 모습입니다. 그러면서도 우리는 내일을 바라보며 오늘을 살아갑니다. 오늘이 모여서 내일이 되고 내일이 모여서 우리의 삶의 모습이 됩니다. 오늘을 내일로 바라보며 오늘 하루 나에게 주어진 몫에 충실하고, 적은 일에도 감사하며 만족하는 우리 모두의 모습이고 싶습니다. 또 적은 것이라도 베풀며 즐거운 마음으로 긍정적인 삶을 살아가는 우리의 모습이 되기를 바랍니다.

** [샘물같이]에 실렸던 원고입니다.

2) 학문의 길에서

필자가 다시 학문의 길에 들어서 젊은 사람들과 같이 공부할 때의 일입니다. 그들과 함께 있으면 밀물처럼 다가오는 것은 지나간 시간에 대한 그리움과 아쉬움이었습니다. 동시에 남은 시간에 대한 애착과 소중함이었고요. '시간은 금이다' 란 말을 실감나게 하는 매 순간 순간이었지요. 실은 금보다 더 귀한 것이 시간이지요. 금은 돈을 주면 살 수 있지만, 지나간 나의 시간은 억 만금을 주고도 살 수 없고 얻을 수 없었으니까요. 그것이 아쉬웠습니다. 그 때의 심경을 시로 읊은 것이 있습니다.

은빛 나래 드리운
고요만이 깃 든 한 밤
밀물 되어 안겨오는
아름다운 의식의 흐름
세월을
되돌려 받아
역행하고픈 사념이여

하찮은 한 순간은
자투리로 잘라내어
아쉬운 세월 속에
오색으로 수를 놓아
그 시간
덤으로 쓰며
못다 한 일 채워볼까.

- 이정자, <시간> 전문 -

이 시가 중앙일보 紙上(지상)을 통해 발표되었을 때 독자로부터 몇 통의 편지가 왔습니다. 그 중에서 한 통은 나로 하여금 답장을 안 할 수 없게 만들었지요. 전남대 불문과 1학년 여학생이었어요. 내용인즉 '이 시가 자기를 많이 깨닫게 해주었다'는 것입니다. 곧 '시간에 대한 소중함을 새삼 뉘우치게 되었다'는 것이지요. 백지라도 좋으니 답장을 원했습니다. 백지라도 좋다는 그 말에 감동되어 답장을 했습니다.

먼저 나에 대해서 소개했지요. '나는 3남매를 둔 주부로서 불혹의 나이를 넘기면서 큰 병을 앓았다는 이야기와 그 후 건강을 회복하여 봉사생활을 하면서 다시 학문의 길에 들어서서 공부하는 위치'임을 밝혔습니다. 그리고 답장을 또 받았습니다. 이렇게 작품을 통하여 독자에게서 편지를 받는다는 것은 기쁨을 주는 것이었습니다. 그 때 나는 내 작품이 좋고, 아니고를 떠나서, 연령을 초월해 내 감정이 젊은 학생들에게도 어필appeal했다는 것이 기뻤습니다. 그리고 그들과 함께 하는 것에도 자신감이 생기고 용기가 났습니다. 모든 것은 내 마음가짐에 달렸다는 것도 깨닫게 되었습니다. 지난 세월을 그리며 곱씹고만 있을 것이 아니라 남은 세월을 감사하며 오늘 하루하루에 충실하자고 다짐하기도 했습니다.

백지 답장이라도 원했던 그 학생도 이제는 결혼을 해서 아이 엄마가 되어 있을 것이라고 생각합니다. 아니면 전문가의 길을 닦고 있거나 -.

시간은 소중한 것입니다. 한 번 간 시간은 돌이킬 수 없는 것이지요. 한 번 지나간 인생의 봄은 더더구나 찾을 길이 없습니다. 나에게 주어진 현재의 위치에서 하루하루 최선을 다할 뿐입니다.

3) 꿈은 왜 꾸죠?

꿈은 왜 꾸죠? 수없이 질문하고 궁금한 논제였습니다.

20세기의 위대한 사상가이며 정신분석학의 창시자인 프로이드(Sigmund Freud(1856-1939)는 그의 <꿈의 해석>에서 '꿈이란 어떤 형태의 것이든 소망 충족의 수단이며, 꿈을 꾸는 사람은 그 자신이면서도 현실의 자기 자신과는 완전히 단절되고 있다'고 했습니다.

그는 <꿈의 해석>에서 꿈의 문제에 관한 기존 연구자들의 학문적 문헌 고찰과 꿈과 꿈에서 깨어난 후의 생활과의 관계에서부터 꿈의 재료와 원천, 및 꿈의 여러 작업 그리고 꿈과 신경증과의 관계 등등을 체계적으로 연구하여 꿈에 대한 궁금증을 풀이주었습니나. 그럼에도 불구하고 나는 언제나 꿈이란 묘한 것이고, 나에게는 시원하게 풀리지 않는 숙제이기도 합니다.

어떤 사람은 꿈을 꾸지 않는다고도 하는데, 나는 꿈을 잘 꿉니다. 프로이드의 <꿈의 해석>에만 만족할 수 없을 정도로 꿈이란 나에게는 수수께끼입니다. 대연구가의 꿈의 해석도 나의 실제적인 경험과는 맞닿지 않는 경우가 많습니다. 그래서 나는 개인마다 차이가 있어서 그럴 것이라고 생각합니다. 그리고 실험대상자들의 환경과 개인 여건의 차이에서도 그럴 것이라고도 생각합니다. 특히 꿈의 망각 현상에 대해서는 프로이드도 확실한 답을 주지 않았고, 이에 대한 여러 학자들도 실험 대상에서 얻은 결론은 불투명합니다. 하기야 정신병동에서 환자들을 대상으로 하는 실험이었으니 명확할 수도 없을 것이라고 생각합니다.

꿈의 망각에 대한 스트럼 펠(Strum Pell) 의 해석을 보면 ;

> ‘첫째 꿈을 잊게 하는 모든 요소가 각성시의 생활에서 작용한다. 그것은 감각이 너무 미약했다든지 심적 흥분도가 낮았기 때문이다.
>
> 둘째는 단 한 번 밖에 일어나지 않았던 일은 깨었을 때 잊어버리기 쉽다.’

첫 번째는 꿈에서 깨어난 후의 환경적인 여건을 말하는 것일 테고, 두 번째는 머리에 각인이 되지 않았다는 것일 테지요. 그래서 잊어버린다는 것입니다. 대부분의 꿈에는 이론도 질서도 없고, 꿈의 구성은 그것이 특별히 기억된다는 가능성을 결여하고 있기 때문에 대부분의 경우 잊어버린다는 것입니다.

그런데 나의 경우, 수 십 년 동안 꿈을 꾸면서 경험한 나의 꿈에 대한 기억론과 망각론은 아주 간단합니다. 꿈을 꾸고 있는 자세 그대로만 내 몸이 보존되어 있으면 꿈은 그대로 살아있습니다. 곧 생생하게 기억에 남는다는 것입니다. 하지만 조금이라도 몸이 흔들리거나 돌아누우면 그대로 꿈은 달아나 버립니다. 곧 잊어버립니다. 몸을 움직이지 않은 상태에서 그대로 벌떡 일어나 메모지에 꿈의 내용을 써 두면 기억에 도움이 됩니다. 하지만 꿈을 꾸고 방금 눈을 떴을 때 생생하게 기억된 것도 다시 눈을 감고 다른 자세로 자고 나면 아침에 깡그리 잊어버립니다. 꿈의 기억과 망각은 잠 잘 때의 자세와 잠자는 습관과 밀접한 관계가 있음을 나는 내 체험에서 얻은 결론입니다.

꿈에 대한 이야기는 역사 속에도 많이 나타납니다. 그 중에서도 김유신의 동생인 보희와 문희의 꿈 이야기와 성경에 나오는 요셉의 꿈 이야기가 많이 膾炙(회자)되고 있음을 봅니다. 문희는 비단 옷 한 벌로 언니의 꿈을 사서 오빠의 친구인 김춘추(신라29대 무열왕)와 결혼하여 왕비가 되었고, 요셉은 꿈에 해와 달과 11개의 별이 자기에게 절하는 꿈 이야기를 형들에게 하여 미움을 더욱 받아 애굽에 팔려갔지만 바로왕의 꿈을 해몽하여 애굽의 총리대신까지 올라가서 꿈에서처럼 11형제들에게 절을 받는 현실을 맞기도 했습니다. 이렇게 꿈은 꿈으로서 끝나는 것이 아니라 어느 시기, 어떤 형태로든 현실과 맞물려 있음을 알 수 있습니다. 나의 경우도 그렇습니다.

나는 꿈을 잘 꾼다고 했습니다. 결혼을 하고 아이를 기르면서도 어느 시기 가끔 가끔씩 꿈에 시험을 치르는 꿈을 잘 꾸었습니다. 주로 대학 입학시험이었습니다. 꿈에서도 '나는 대학을 졸업했는데 왜 이 시험을 치지?' 하며 의아해 할 때가 있었습니다. 그런가 하면 시험을 치면서 시험을 제대로 치지를 못해 쩔쩔매다가 깨기도 했습니다.

그러한 꿈에 잘 시달리던 것이 현실로 나타났습니다. 즉 삼남매를 기른 후 다시 학문의 길을 시작하면서 그 꿈의 정체가 현실화되었고, 꿈은 나 자신도 몰랐던 내면 의식에서 살아서 꾸준히 나를 지배하고, 격려하고 있었음을 실감했습니다. 그 시험을 현실에서 치른 후는 그러한 꿈을 꾸지 않았고, 그러한 시험에 시달리지도 않았습니다.

그래서 나는 꿈의 정체를 흐트러지게 생각하지 않습니다. 그러한 의미에서 나는 프로이드의 꿈의 해석 곧 '꿈이란 어떤 형태로든 소망 충족의 수단'이라는 말을 새겨봅니다. 왜냐하면 결혼 후 아쉬워

하면서도 잊어버렸던 내 학창 시절의 꿈을 무의식 속에서나마 꿈을 통해서 이루도록 끊임없이 충전시켜주었다고 생각하기 때문입니다. 꿈에서나마 끊임없는 촉매 작용이 있었기에 어느 때부터인지 서서히 학문에 다시 눈을 뜨게 되었습니다. 그 때의 심경을 읊은 시가 있습니다.

청운의 꿈이라도
세월 따라 변하는데

못 이룬 지난 꿈이
세월을 안 따르니

어쩌랴
늦음을 탓하지 말고
시작을 해야지.

나이를 옮겨 앉아
매무새를 바로 하고

심금을 두드리며
잠든 의식 깨우면서

툭!
툭!
툭!
쌓여진 먼지 털고
나는 책을 펼친다.

- 이정자, <꿈>전문 -

이렇게 하여 나는 내 무의식 속에 잠자던 꿈이 꿈속에서 끊임없이 충전되고 자라나서 현실로 나타났습니다. 그리고 오늘의 <나>를 있게 했습니다.

4) 권태기를 승화의 계기로

권태는 왜 올까요? <이유 없는 반항>이 10대들의 전유물이라면 주부들에게는 특히 전업 주부들에게는 가정생활에서의 권태기가 있습니다. 물론 남편들에게도 권태기가 없을 수는 없겠지요. 하지만 주부들이 느끼는 그것과는 그 성격이 다릅니다. 주부들은 일상생활의 권태가 많은 반면 남편들은 아내에 대한 불만이 많다는 것입니다. 그것은 아내가 점점 남편에 대한 애정의 도가 식어져가고 있지는 않나 하는 불안심리에서 오는 불만이 많다는 것입니다. 아이에게 마음을 빼앗기는 아내의 모습을 보면서 그렇다는 것입니다. 물론 예외인 경우도 있겠지요. 사람에 따라서는 권태기란 것을 모르고 살아가는 사람도 있다고 합니다. 부부간의 권태기뿐 아니라 생활에서의 권태기란 것을 모르고 살아가는 사람이 있다고도 합니다. 글쎄요. 어떤 사람일까요? 또 그의 생활은 어떠할까요?

개인에 따라서 다르게 나타나겠지만 나의 경우는 지금까지 몇 번의 시기를 겪으면서 그것이 권태기였구나 하는 생각을 하게 됩니다. 이것은 부부간의 권태기라기보다 단조로운 나의 생활 자체에서 오는 권태라고 생각합니다. 교직이라는 직장 생활 자체도 몇 년 하고 나면 단조로운 것이고, 가정이라는 생활 자체도 거의 다람쥐 채 바퀴 도는 생활의 연속이기에 그러한 생활 자체에서 오는 권태기가 있었습니다.

처음은 결혼 후 첫째 아이를 기를 때입니다. 답답하고 어딘가 훵하니 떠나고 싶을 때가 있었습니다. 이 때 처음, 내가 남자가 아닌 것에 불리함을 느꼈습니다. 여자가 혼자 어딘가 떠난다는 것은 엄두도 낼 수 없을 뿐 아니라 아이를 두고 떠날 수가 없었기 때문이지요. 그렇다고 지금처럼 '마이 카'를 갖고 가족이 함께, 또는 나 혼자 아늑하게 여행을 즐길 수 있는 시기도 아니었습니다.

그러던 어느 날 아기를 데리고 시외로 나가는 버스를 탔습니다. 내 옆에 50 전 후로 보이는 건장한 사장 스타일의 남자가 앉았습니다. 버스가 떠나자 곧 그 남자는 잠을 잤습니다. 자면서 나에게로 머리를 수 없이 기대어 그것을 바로 하느라 나는 혼이 났습니다. 말을 해도 눈을 떠는 듯 하더니 듣지 않았습니다.

얼마를 지난 후 부시시 눈을 떠드니 어디쯤인가 알려고 밖을 내다 보드니. 말을 걸어왔습니다. 간단한 대답만 했습니다. 그러더니 나를 순진하게 보았는지 어떤지는 모르겠지만 데이트를 청했습니다. '아까 나를 데려다 준 사람이 아기 아빠에요' 했더니 '아빠면 어때요!'하며 내 손을 꼭 잡았습니다. 그 때 나는 얼굴이 불그락 푸르락 하며 간신히 뿌리쳤습니다.

그 사실을 나중에 남편에게 말했더니 아주 기분이 나쁜 모양이었습니다 '그런 것을 가만히 두어, 뺨따귀를 한 대 갈겨주지!' 했습니다. 지금 생각하면 그 때가 참 순진했다고 생각합니다. 물론 지금이야 그런 사람도 없겠지만 그 때에 지금의 마음을 가졌다면 소리를 냅다 지르며 정신 병원으로 가자고 했겠지요. 그런 일이 있은 후부터는 혼자 어딘가 훵하니 떠나고 싶다는 그 마음이 사라졌습니다.

두 번째는 둘째 아이가 세 살 때입니다. 두 살 터울의 오빠와 둘이서 잘 놀았습니다. '나의 시간'이 생긴 것입니다. 똑 같은 일상 주부로서의 가정생활에서 벗어나고 싶었습니다. 변화하고 싶었습니다.

그래서 출발한 것이 이대 교육대학원 진학이었습니다. 아이들은 3살과 5살, 27살 된 가정부 언니를 두고 나갔습니다. 사람들은 나를 이상하게 생각했습니다. '아빠가 젊은데 어떻게 그런 과년한 처녀를 두고 나가느냐'고-. 그것도 아침 7시에 나가서 저녁 11시에 집에 들어왔으니 그렇게 말할 수도 있었습니다. 남편의 말을 빌리면 그야말로 '내가 사서 고생한 시기'이었습니다. 건강은 건강대로 해치고 '교육학 석사'라는 학위취득은 했지만 뚜렷한 빛을 보지 못하고 집에 주저앉게 되었습니다. 하지만 이러한 시기가 있었기에 그 후 다시 도전하는 계기를 마련했다고 봅니다.

세 번 째는 80년도 복직을 해서 교직에 있을 때입니다. 이 때는 경제적으로는 안정된 시기입니다. 복직 후 6-7년이 지나고 나니, 나를 되돌아볼 여유가 생겼습니다. 물론 그 때는 크게 아픈 후이기도 했습니다. 그대로 이렇게 주저앉아 있어서는 안 된다는 생각이 떠나지 않았습니다. 뭔가에 도전해야 한다는 생각이 늘 내 머리를 스쳐갔습니다. 그렇게 나간 곳이 동창회였습니다. 모교가 졸업생들에게 '아련한 추억의 요람'과 같은 곳이라면 동창회는 동창들에게는 '마음의 고향'과 같은 곳이기도 합니다.

동창회에 나가서 봉사를 하면서, 주위에서 활동하고 있는 동창들을 바라보면서 새로운 각오가 물밀 듯이 다가왔습니다. -'나도 더 배워야 한다!'- 이렇게 해서 대학원에 입학하여 학자로서의 코스를 제대로 밟기 위해 석·박사 과정을 이수했고, 문학 석사, 문학 박사를 취득했습니다. 이 과정이 학문에 뜻을 둔지 7년 만에 이룬 것입니다.

나 자신의 경우를 볼 때 권태가 나쁜 것만은 아니라고 봅니다.

'권태'가 새로운 도전을 위한 촉매의 역할을 한 것입니다. 권태가 올 때는 내가 하고 싶었던 것, 도전해 보고 싶었던 것, 하고 싶은 것을 찾아 나서는 것이 자신을 위하는 길이며 결국은 가족 모두를 위하는 길이기도 합니다. 이 때의 심경을 읊은 시가 있습니다.

하루도 달그림자
고즈넉이 다가서는데

마음은
천근의 쇠종을
담은 듯 나른하고

가려진
커텐 사이로
달빛은 쏟아진다.

희미한 별빛들도
푸름으로 내리는데

마음은
천 길 심연으로
내리듯 가라앉고 ……

어쩌랴,
책 속에 묻혀
모든 것을 잊어야지!

- 이정자, <권태>전문 -

이 시기 나는 학문에 뜻을 두었기에 그 고비를 잘 넘겼다고 봅니다. 그리고 그 길에서 열정을 쏟고 결실을 맺었습니다.

누구에게나 하고 싶은 것이 하나씩은 있을 것입니다. 그 하고자 하는 일에 마음을 쏟으며 지혜롭게 헤쳐나가기 바랍니다.

5) 이름 석자에 얽힌 사연

<이정자>란 참 흔한 이름입니다. 이름이 얼마만큼 흔한가는 전화번호부를 찾아보면 쉽게 알 수 있습니다. 이 흔하고 매력 없는 이름인데도 20, 30대의 젊은 사람들 중에도 있는 것을 보면 <이정자>란 이름이 좋긴 좋은가 봅니다. 나는 내 이름에 대해서 불만이 많았습니다. 당시 내 또래의 아이들도 예쁘고, 좋은 이름이 많던데 왜 이렇게 흔한 이름을 지었을까 하며 이름을 지어주신 부모님을 못마땅하게 생각하기도 했습니다.

필자가 고등학교 다닐 때의 일입니다. 지금 생각하면 별 일이 아니지만 당시로서는 이름 때문에 곤혹을 치렀습니다. 나와 같은 이름의 또 한 명의 <이정자>는 서울 태생으로서 서울 아이답게 명랑하고 활달했습니다. 그 친구에 비해 필자는 지방아이답게 좀 내성적이었으며 보수적인 성격이었습니다. 그 친구의 성격으로 인한 어떤 언행이 나에게로 잘못 전가된 일이 있었습니다. 나는 금시초문에, 이름으로 인하여 오해를 받은 것이지요. 그 친구에게는 그것이 장점이 될 수 있지만 나에게는 어울리지 않는 언행이었습니다. 똑 같은 말이라도 A에게는 맞고 B에게는 틀리는 것과 같은 이치였습니다. 나중에 바로 잡아지기는 했지만 얼마간 오해를 받았습니다.

그럴 때 즈음 <자>자로 된 이름을 쉽게 고칠 수 있는 법적 제도가 마련된 것입니다. 그 때 많은 사람들이 <자>자 돌림의 이름을 고쳤습니다. 필자도 이름을 고치려고 새 이름을 지었습니다. 작명법에도 맞추어 지은 곱고도 흔치않은 이름을 아버지께서는 지어

주셨습니다. 그런데 막상 이름을 고치려고 하니 망서려졌습니다. 지금까지 부르고 불리어진 이름인데 그 이름이 없어진다는 것이 싫었습니다. 이름이 없어진다는 것은 곧 죽음을 의미하는 것과도 같다는 느낌이 들었습니다. 이상한 기분이었습니다. 그래서 망설임 끝에 끝내 이름을 고치지 않았습니다.

필자가 시인으로 등단할 때의 일입니다. 이 흔한 <이정자>로서는 등단하지 않으려고 필명을 지어 여기 저기 습작을 발표했습니다. 중앙일보 지상 시조 백일장에도 발표했고, <샘터>에도 발표했습니다. 발표될 때마다 독자 편지가 몇 통씩 왔습니다. 그 때의 에피소드입니다. 군인에게서 편지가 왔습니다. 아마도 <샘터>를 본 것으로 짐작되었습니다. 내 작품을 읽고 <미스Miss>로 오해를 한 것입니다. 자기는 모 대학 의과대학생으로 '보잘 것 없는 풀꽃 하나에도 애정을 갖고 시로 표출한 그 깨끗하고 순수한 마음을 사랑하고 귀하게 생각한다'는 내용의 긴 사연을 보내 주었습니다. 발표할 때 나이를 밝히지 않은 것이 오해를 갖게 했습니다. 이를 어찌하랴? 고민 끝에 그 다음 薦了(천료)를 앞두고 그만 본명인 <이정자>로 바꾸어 버렸습니다. 이렇게 해서 결국 나는 필명조차도 바꿀 수 없는 <이정자>가 되고 말았습니다. 그리고 그 후 그런 편지는 없었습니다. 역시 <이정자>는 매력이 없는 흔한 이름이구나 생각했습니다. 가끔 습작기의 그 이름으로 필명을 했더라면 하고 미련을 가질 때도 있습니다. 대학 다닐 때도 동창 중에 똑 같은 이름이 있었습니다. A와 B로 나누어 불렀습니다. 그래서인지 대학교 때는 별문제 없이 지나갔습니다. 그렇게 된 이유에는 또 한 명의 <이정자>는 필자보다 더 얌전하고 조신했으며 모범적인 학생이었습니다. 내가 오히려 그 친구에게 누를 끼치지 않기 위해서 조심하는 편이었으니까요.

젊은 시절 직장(학교)에 있을 때의 일입니다. 또 한 번 크게 오해를 받은 적이 있습니다. 그 때는 중간 글자가 틀린 비슷한 이름이었습니다. 그런데도 나 자신도 모르는 채 몇 개월간을 고스란히 오해를 뒤집어 쓴 사건이 있었지요 그것도 '발 없는 말이 천리 가고, 말은 옮겨 갈수록 부풀려지는 것'이라는 그 말을 실감나게 한 소문이었습니다.

당시 우리 학교는 미군 부대 부근에 있었으며 그 부대는 우리 학교 아이들을 많이 도와주었습니다. 그 부대 장교 차를 시내에 갔다가 그 여선생님과 함께 얻어 타고 온 적이 있었습니다. 그 장교가 그 여선생을 친근하게 생각했었습니다. 그것은 그 여선생님이 명랑하고 친절했으며 말을 잘 했기 때문입니다. 그것이 전부였고, 그 뒤는 그 여선생님이나 필자나 그 누구도 그 장교를 만난 적도 말한 적도 없습니다. 그런데 함께 타고 왔다는 그 장면만 본 사람에 의해서 전해진 말이 돌고 돌아 그 미군장교와 그렇고 그런 사이라는 말로 발전된 것입니다. 그것도 필자가 말입니다. 나는 그 장교와 말 한 마디도 하지 않았고, 하지 않은 상태였고, 그 여선생님 또한 자연적으로 만나게 되면 인사 정도 하는 사이이고 그 날도 시내에서 버스를 기다리고 있는데 만나게 되어 타고 온 것뿐이었습니다.

그 오해가 풀린 것은 2개월 후이고, 그러한 오해를 받고 있었다는 것을 안 것도 오해가 풀린 바로 그 날 이웃 학교 선생님과의 대화 가운데 어떠한 말끝에 우연히 들은 것입니다.

이름으로 인한 불명예스러운 지난 일들을 불식이라도 하듯, 내 이름 <이정자>가 좋다는 것을 실감한 한 사실이 있습니다. <98년

올해의 이화인>으로 뽑힌 자리입니다. 각 과에서 뽑힌 31명 중에서 <이정자>가 자그마치 4명이었습니다. 필자를 포함하여 <약대의 이정자>, <조소과의 이정자>, <회화과의 이정자> 등입니다. '이 영광스러운 자리에 4명이나 뽑혔으니 <이정자>의 이름이 좋긴 좋은가 보다' 고 모두 말했습니다. 처음으로 감탄했습니다. 하기야 내 이름으로 잘 못된 것은 없습니다. 同名異人(동명이인)인 고등학교 때의 그 <이정자>도 교장이 되었다는 소식을 최근 들었습니다. 필자도 이렇게 <이정자>란 이름으로 활동하고 있으니 이름이 흔하다고 해서, 또 예쁘지 않다고 해서 잘 못된 것은 없습니다. 오히려 요즈음은 자랑스럽게 이름을 소개합니다. '가장 흔하고 외우기 쉬운 이름 <이정자>라고 -.

지난 학기에는 내 강의를 듣는 학생 중에도 <이정자>가 있었습니다. 출석을 부를 때는 좀 어색했습니다. 그 학생도 공부를 열심히 잘했습니다.

<이정자>란 참 흔한 이름입니다. 흔하다는 것은 그 만큼 많은 사람들이 부르고 불리어지는 좋은 이름이라는 뜻이기도 합니다. 이 흔한 이름을 가진 <이정자> 모두가 각자의 위치에서 최선을 다하는 아름다운 삶을 살아가고, 귀하고 아름다운 일에서 빛을 낼 때 <이정자>란 이름은 진정 좋은 이름으로 남을 것입니다.

4. 타임머신을 타고

퇴색한
풀잎들과 나목의 나무들도
물길로 다가오면 그림 되어 아름답듯
유년은
추억 안에서
아름다운 수채화

세월이
흐른 후도 유년은 선명하고
민들레 꽃씨 되어 홀씨로서 터지는 날
남으로
터인 길 따라
고향으로 달린다

1) 유년은 아름다운 수채화 - 맹모삼천의 교훈

러시아의 국민시인 푸쉬킨(Pushkin799-1837)의 싯구에 '모든 것은 일순간에 지나가고, 그리고 지나간 것은 다시 그리워지나니'란 구절이 있습니다. 그렇습니다. 그 당시는 별 것 아닌 것으로 여겨졌던 것도 지나고 나면 그것이 그리워지고 아름다운 추억이 되어 다가오는 것이 많습니다. 어린 시절이 그립고, 학창시절이 아름다운 추억으로 다가옵니다. 그래서 추억이 많고 그리운 것이 많을수록 나이를 먹어간다는 증거이기도 합니다. 소년은 미래를 꿈꾸지만 노인은 추억을 생각한다는 말도 앞이 창창한 소년의 미래와, 살아온 세월 속에서 추억이 더 많은 노인의 위치에서 나온 말이지요. 연애시절이 아름답고, 젊은 시절이 그리운 것도 그렇습니다. 그래도 얼마나 좋습니까?. 지나간 것이라도 아름다운 추억이 되어 다가오니 말입니다.

현재에 만족하는 사람이 얼마나 있을까요? 또 만족만 해서도 안 됩니다. 뭔가 부족함을 느껴야만 그것을 채우기 위해 노력하지 않는가요? 만월을 향해 달려가는 상현달이 그믐을 향해 기울어져 가는 하현달보다 더욱 희망적인 것도 이러한 이유 때문이지요.

추억은 아름다운 것, 몇 년 전 '그 시절을 아십니까?'라는 TV 프로가 있었습니다. 50, 60년대의 <보리 고개> 시절 이야기이지요. 필자도 그 시절에 대하여 조금은 압니다. 해방의 기쁨은 어려서 몰랐지만 어른들로부터 들어서 알고요. 3살 위의 오빠가 학교에 들어가니 '나도 학교에 따라 가겠다'고 떼를 써서 할 수 없이 데리고 갔다가 학교에서 선생님이 '어려서 안 되니 다음 해에 오라'니까 그 때는 수그러지더라고 어릴 때의 고집을 어머니는 말씀하시곤 하셨습니다.

학교에 입학한 후는 '비가 오나 눈이오나 10리 길을 빠지지 않고 어린것이 열심히 다니더라'는 얘기도 어머니께서는 곧잘 하셨습니다. 이런 어린 시절의 이야기가 생각날 때면 내가 잘 기억해 내지 못하는 그 시절도 그리울 때가 있습니다. 그럴 때면 내 마음은 나이를 초월하여 어린 시절의 고향 마을로 달립니다.

이제는 부모님도 두 분 다 고향의 선산에 고이 잠드셨습니다. 해마다 갔는데 지난해는 못 갔습니다. '딸자식은 이래서 출가외인이라 했나보다'.고도 생각했습니다. 생전에는 서울에서 같은 동네에 가까이에 계셔서 오시거나 내가 가곤 했는데, 이제는 경상북도 칠곡군 기산면 행정리에 있는 고향의 선산에 계시니 이렇게 멀어지는 것 같습니다.

초등학교만 고향에서 졸업하고 대구로 나왔으니 고향엔 이제 아는 사람이 별로 없습니다. 또 지금은 고향에 가도 다 도시로 나와 살고 몇 가정만이 남아서 고향을 지키고 있습니다. 그래서 늙어버린 4촌과 6촌 오빠들과 올케들만 나를 알아보고 반겨할 뿐입니다.

부모님 생전에는 딸 아들 구별하지 않고 나를 공부시켰기 때문에 나는 감사하며 아들 못지않게 해드리려고 했고 또 자연적으로 그렇게 되었지만 돌아가신 지 10년에 접어들은 작년에는 산소에도 못 갔습니다. 그것이 마음에 자꾸 걸려 금년에는 남편을 재촉하여 6월에 다녀왔습니다. 나서면 가는 것을 왜 그리도 자주 못 가는지.......

나는 시골 고향에서 초등학교를 다녔습니다. 그 시절 우리 반 아이들은 모두가 나이가 많고 컸습니다. 그래서 나를 친구로 삼아주지도 않았고, 나 역시 그렇게 끼여 주기를 바랐던 것도 아닌 것으로 기억합니다. 그렇다고 언니들이라고 생각해 본 적도 없고 고분고분 언니라고 따르지도 않았던 것 같습니다. 내가 집에 언니가 없었고 나보다 나이가 많은 조카들이 있었기 때문에 그랬던 것도 같습니다. 졸업 후 바로 결혼한 아이들도 있었습니다. 그렇게 연령 차이가 많았지요. 그래서 신체검사할 때는 우리 반 큰 여자아이들은 윗옷을 안 벗어서 우리 담임인 그 총각 선생님이 가슴둘레를 재는데 서로가 난처해하는 것을 맨 앞자리에 앉아서 철없이 바라보기도 했습니다.

그 때 우리 반 여자 아이 중에서 한 아이가 제대로 중학교에 갔습니다. 그 아이는 부모님께 중학교에 보내달라고 떼를 쓰며 울었다고 했습니다. 공부도 잘 했습니다. 나는 중학교에 갈 생가도 안 했지요. 우리 고향 친척 중에서 초등학교라도 간 여자아이는 내가 처음이었으니까요. 그럴 수밖에 없었던 것은 초등학교가 멀리 면소재지에 있었고, 여자 아이를 멀리까지 보낼 수 없었던 것 같습니다. 그러니 내가 무슨 공부를 제대로 했겠으며 중학교를 갈 생각이나 했겠어요. 지금도 기억에 남는 것은 공부인지 숙제인지를 하다가도 누가 오는 기척이 나면 책을 본다는 그 자체가 어색해서 얼른 책을 갖다 놓고 나왔던 생각이 납니다.

저녁이면 여자아이들이 모여서 뜨개질하는 것이 일상이었습니다. 양말, 장갑, 조끼, 목도리, 셔츠까지 다 짰습니다. 다 나보다 한두 살 위였지만 짜는 것은 비슷비슷했습니다. 실을 똑 같이 팔로 재어서 빨리 짜기 경쟁도 했습니다. 뒤지지 않으려고 열심히 짰던 기억을 합니다. 세상의 잡티가 없었던 소박한 경쟁이었고, 순수했던 그 시절이었지요. 못살았던 시절이었다지만 그 때가 불행했다고 생각하는 사람은 아마 없을 것입니다. 나도 그 때 결코 그렇게 생각하지 않았으니까요. 물질적인 풍요는 얻었지만 지금은 도리어 너무나 이상하게 변해버린 각박한 세상살이를 보며, 아련한 추억으로 그 때 그 시절이 그립기도 하답니다. 물질적인 척도에서 오는 행, 불행은 상대적인데서 오는 것이지 모두가 못 사는 시절에는 그것도 없었습니다.

나는 고향에서 어린 시절을 보냈습니다. 대구시 덕산동 381번지에서 태어나 대동아 전쟁 때 고향으로 피난을 간 것이지요. 그런데 우리 집이 고향으로 피난을 간 그 다음날에 해방이 되었다고 합니다. 그러니까 8월 14일에 이사를 간 셈이지요. 오빠가 대구중학교에 들어가면서 우리 식구는 다시 대구로 이사를 갔습니다. 그러면서 나도 중학교에 들어갔지요. '맹모삼천'에서 보듯이 환경이 교육에 얼마나 큰 영향을 미치느냐 하는 것은 나의 경우를 보고도 절실히 깨닫습니다.

대구에 오니 온통 내 주위에 공부하는 사람뿐이었습니다. 오빠는 초등학교때부터 공부를 잘하여 그 시골학교에서 대구중학교에 입학했고, 나는 공부를 안 했으니 3류 중학교에 갔습니다. 항상 빼지는 가려서 다녔고요. 오빠가 열심히 공부했기 때문에 나도 따라서 열심히 공부했습니다. 공부도 하니까 재미가 있었습니다. 따라서 성적이 좋았지요. 그래서 고등학교는 수재들만 모인다는 대구사범학교에 들어갔고요. 그것도 우수한 성적으로-. 기분이 좋았습니다. 집안의 오빠들도 나를 자랑스럽게 생각했지요. 좋은 일이면 촌수를 땅기고, 나쁜 일에는 촌수를 멀리한다는 말이 있듯이, 그 때 교사였던 집안의 6촌 오빠가 경북고로 전근을 왔습니다. 그 때 경북고는 대구사범학교 가까이에 있었습니다. 그래서 그 오빠는 버스에서 대구사범학교 빼지를 단 여학생만 보면 '몇 학년이냐? 내 동생도 대구사범학교에 다닌다'고 하면서 내 얘기를 하곤 했답니다. 나의 오빠는 경북고에 다녔습니다. 내가 사범학교에 들어감으로 해서 오빠의 체면을 세워 준 것이지요.

지금이야 평준화가 되었으니 학교 밖에서 겪는 위축감도 없고, 학교에 대한 부담도 없습니다. 평준화가 학교에 대한 콤플렉스를 덜어 준 것만 해도 자라는 아이들에게는 사기를 북돋아 준 셈이지요. 하지만 아무리 좋은 약이라도 그 반대의 현상이 나타나듯이 평준화가 만능은 아닌 것 같습니다. 평준화는 선의의 경쟁을 약화시키며 모두를 보통 사람으로 만드는 교육이 되기도 하지요. 학교 교육은 중간층을 중심으로 하는 교육이기 때문에 상위층과 하위층은 서로가 비능률적입니다. 평준화 이전은 비슷한 실력의 집단들이 모였기 때문에 그 집단에 알맞은 교육을 할 수 있었지요. 그래서 평준화 시대의 현 교육체제에서는 영재를 위한 특수학교나 학습 부적응아를 위한 대안 학교가 절실히 요구되기도 합니다.

교육은 백년지대계라 하지 않습니까? 일본이 우리나라를 호시탐탐하던 그 시절 명성황후는 여성교육의 필요성을 느끼고 <梨花學堂(이화학당)>이란 현판을 스크린튼 부인에게 써주었지요. 이 나라 여성 교육의 선각자로서 100년 후를 내다본 것입니다. 이제 이화대학교는 세계 제일의 여자대학교가 되었고 국내뿐 아니라 세계방방 곳곳에서 이화의 씨를 뿌리고 그 향기와 빛을 드러내고 있지요.

추억은 아름다운 색깔로 다가옵니다. 지나간 세월들이 수채화처럼 싱싱하게 다가올 때면 왠지 기분 좋은 하루가 마무리됩니다. 추억을 읊은 시를 소개해 봅니다.

퇴색한 풀잎들과
나목의 나무들도
물길로 다가오면
그림 되어 아름답듯
유년은
추억 안에서
아름다운 수채화

세월이 흐른 후도
유년은 선명하고
민들레 꽃씨 되어
홀씨로서 터지는 날
남으로
터인 길 따라
고향으로 달린다

-이정자, <思鄕> 일부 -

그 많은 추억 중에서도 어린 시절의 고향은 아무리 퇴색되어도 물길로 다가오는 풍경화처럼 아름답습니다. 북쪽을 바라보며 이산의 아픔을 더하는 것도 두고 온 고향 산천이 그곳에 있기 때문이겠지요.

2) 대학생 농활을 보며 - 강원도 정선군 광덕리

방학이 되면 요즈음에도 대학생들이 농활을 가는 것을 봅니다. TV를 통하여 그들의 다양한 체험활동을 보며, 요즈음과는 많이 달랐던 나의 대학 시절의 농활을 생각해 봅니다. 대학 생활에서 학과 이외의 학회 행사 경험은 인생을 살아가면서 새로운 의미로 다가옴을 알게 됩니다.

나는 3학년 때 학회 행사의 하나로 크리스마스를 앞두고 농촌 계몽 운동을 떠났습니다. 후배 한 명과 둘이서-. 목적지는 강원도 정선군. 광덕리로 지금까지도 기억하고 있지요. 산길을 걸어서 10㎞도 넘게 간 것으로 압니디. 그 때 30리 길이라고 들었으니까요.

그 곳은 우리과 졸업생 선배 2명이 선교와 농촌 계몽을 위해 가 있는 곳이기도 합니다. 우리 두 사람은 그 곳에서 선배들이 하는 야간학교를 도우며 크리스마스 준비도 하고 동네분들과 그곳 현안 문제에 대해서도 논의했습니다. 그곳은 식수가 매우 귀했습니다. 지하수를 여러 군데 팠는데도 물이 나오지 않는다고 했습니다. 그래서 마을 청년들과 선배들이 주축이 되어 그 해결 방안을 강구하고 논의했고요. 우리는 돌아와 그 과정을 학과에 보고하기도 했지요.

그 곳에서 우리는 힘은 들었지만 참 좋은 경험을 했고 그들도 만족해했습니다. 내가 사범학교를 졸업하고 첫 부임한 학교에서의 그 크리스마스 저녁이 생각나기도 했습니다. 왜냐하면 그 때 교회에서 크리스마스 행사를 마친 후 젊은 사람들이 내가 묵고 있는 학부형 집으로 몰려와서 '크리스마스 이브'라며 밤을 꼬박 새었는데, 광덕리에서도 크리스마스 행사를 마치고 그곳 젊은이들과 밤을 꼬박 새운 것이 비슷하기 때문이지요. 아마도 젊은 사람들끼리니까 통하는 것이 있었던 모양입니다. 다른 것이 있다면 선배들이 있었고, 같이 간 후배가 있어서 든든하고 좀 더 편안한 마음으로 보냈다는 것입니다. 동네 인심은 모두가 참 좋았고요.

선배들은 그곳에서 이화의 선교 사업과 농촌 계몽 운동에 참여하고 있었습니다. 야간 학교도 개설하여 문맹자 퇴치 운동을 하였고, 중학교 과정도 가르치고 있었습니다. 산골에서 힘들게 생활하고 있는 선배들의 모습을 보면서 심훈의 <상록수>를 떠올리기도 했지요.

이러한 농촌 계몽 운동의 뿌리는 이광수의 <흙>과 <상록수>가 나오던 1930년으로 기억하고 있습니다.

당시 일제의 극악한 식민지 수탈로 인하여 우리 농촌은 극도로 피폐해졌습니다. 이것이 심각한 국내 문제로 대두되어, 농촌 문제에 관심을 갖게 되었고 언론사에서 적극적으로 나섰던 것이지요. 조선일보의 '문맹퇴치운동'과 동아일보의 브나로드vnarod(계몽)운동이 바로 그것입니다.

매년 여름방학이 되면 중학교 이상의 학생들이 농촌을 찾아가 한글과 산수를 가르쳤지요. 이 때 교회와 미션계열의 학교에서도 적극적으로 농촌계몽에 나섰고요. 그런데 그것도 1935년부터는 총독부의 탄압으로 금지 당하고 말았습니다. 그래도 농촌 계몽 운동의 뿌리는 이때이지요. 이러한 뿌리가 있었기에 우리도 강원도 정선군 광덕리 산골마을로 먼저 가서 활동하고 있는 선배들을 도와 농촌 계몽에 나선 것입니다. 요즈음은 옛날과는 다른 농촌 봉사활동으로 대학생들이 나가는 것을 보며 '좋은 경험이지'하며 흐뭇한 마음을 가집니다.

학교 다닐 때의 다양한 경험은 인생을 윤택하게 하고 살아가면서 많은 교훈을 얻습니다. 학생들이 방학을 활용하여 부족한 공부를 채우고 취미 활동도 하고 여행을 하며 견문을 넓히는 것도 방학을 보람 있게 보내는 것이라 하겠습니다. 필자는 그 외에 봉사활동도 꼭 권하고 싶습니다. 봉사는 즐거운 마음으로 해본 사람만이 그 보람을 알고 그 맛을 간직합니다. 봉사를 해 보지 않은 사람들은 봉사 생활을 열심히 하는 사람들을 가리켜 "뭐라도 생기는 것이 있으니까 저렇게 하지 아니면 왜 저렇게 하겠느냐?"고 합니다. 그렇습니다. 분명히 생기는 것이 있지요. 내가 남을 위하여 무언가를 했다는 보람과 정신적인 만족이 있습니다. 가슴에 벅차오르는 뿌듯함이 있지요. 내가 할 수 있는 것으로 봉사함으로 해서 여러 사람이 기뻐하고 편리함을 얻는다면 얼마나 보람된 일인가요. 얼마나 가치 있고 가슴 뿌듯한 일인가요.

중·고등학교에서 사회봉사활동 시간을 의무화하는 제도가 있나 본데 그것이 제대로 정착되지 않은 것을 봅니다. 그 취지를 제대로 살려서 '진정으로 참여하고 마음에서 우러나오는 봉사활동으로 정착되었으면' 하고 바랍니다.

3) 함께 하는 미팅

성격에 따라 조금은 다르겠지만 그래도 요즈음은 자유스럽게 남녀 학생들이 친구처럼 지내는 것을 보며 나의 그 시절을 생각해 봅니다. 확실히 지금과는 달랐지요. 첫째 동학년이라도 남녀는 서로 경어를 썼었지요. 둘째 선(남)·후배(여)간이라도 남녀는 서로 경어를 썼고요. 셋째 드러내놓고 마음대로 다닐 수 없었고요. 넷째 손잡고 다니는 것도 삼갔고, 더구나 교내에서는 상상도 못한 일이고요.

몇 년 전의 일입니다. 남녀 두 학생이 꼭 같이 앉고 둘이서만 주로 다니는 것을 보았습니다. 그러한 것에 대해서 아무도 신경도 쓰지 않는 듯 했습니다. 곧 남의 사생활에 간섭하지 않는 것에 익숙한 듯했습니다. 지금은 학생들의 그 이상의 남녀간의 행동에도 나 또한 익숙해졌지만 처음은 격세지감을 느꼈습니다.

예나 지금이나 새내기 신입생에게는 미팅이라는 것이 가장 관심 있는 것 중의 하나이겠지요. 그 때 우리는 여자대학이니 관심의 대상이 되기는 지금보다 훨씬 높았지요.

과끼리 하는 과팅이 몇 번 있었습니다. 첫 번째 미팅에는 가지 않았고, 두 번째 미팅에는 갔습니다. 그 대상이 <H 남성 합창단> 이었습니다. 가장 추억에 남기도 하고요. 파트너를 기억하기보다 전체적인 그 날의 분위기와 그들의 음악이 지금도 눈감으면 아련히 들려옵니다. 그렇게 그들의 음악을 좋아했지요. 교외선을 타고 송추로 가는 동안 내내 그들은 아름다운 화음으로 합창을 하여 귀를 즐겁게 해주었으니까요. 합창단의 구성은 S고 출신에 S대 생이 주축을 이루었다고 했습니다. 그들 중 두 명이 우리과 출신과 결혼을 했고 모두 잘 사는 것으로 압니다. 물론 그전부터 사귄 사람이었고 그들이 우리과와 미팅을 주선한 것으로 들었습니다.

음악은 역시 좋은 것 같습니다. 사람의 심성을 부드럽게 하고 아름답게 합니다. 그래서 음악을 좋아하는 사람으로서 악한 사람은 없다고 하나봅니다. 그들은 모두가 점잖았고, 파트너에게도 예의를 잘 지켰으니까요. 식사를 하고 게임을 하고 포크댄스를 하고 파트너끼리 자유시간도 가졌습니다. 대부분이 산책을 하며 이야기를 나누었습니다. 음악, 문학, 취미, 진로, 희망 등등에 대한 이야기가 대화주제의 대부분이었지요. 즐거운 시간이었습니다. 돌아오는 기차에서도 그들은 음악을 했습니다. 지금도 생각하면 귀에 은은히 들려오지요. <I understand>-. 화음에 맞추어 잘 불렀습니다. 정말 좋았지요. 그 후부터 나는 단조로운 독창이나 제창보다 합창을 좋아했고, 특히 은은한 화음이 깔린 합창을 좋아했습니다.

예나 지금이나 사람에 따라 다르겠지만 그 당시만 해도 요즈음 같이 친구로서 쉽게 친해지고 맞지 않으면 쉽게 헤어지는 감정들이 아니었지요. 그래서 서로가 조심하고 예의를 갖추었지요.

세 번째 과미팅으로 기억합니다. 상대는 S대 공대 화공과였습니다. 간 곳은 산정호수-. 버스를 타는데 갖고 있는 번호에 따라 자리에 앉으면 옆자리에 앉는 사람이 파트너입니다. 그 때 나의 파트너는 부산 K고 출신으로 성격이 외형적이고 말을 잘했습니다. 단체게임이나 행사가 끝나고 모두가 편하게 쉬고 있을 때도 나에게 와서 "데이트 합시다"하고 청하여 모두가 한바탕 웃기도 했었지요. 단체 미팅이라는 것은 단체를 통하여 이성에 대해서 좀 알기도 하고,

하루를 즐기는데 의미가 있는 것 같습니다. 그 때 우리과 친구 그 누구도 단체 미팅에서 짝으로 이루어진 경우는 없었으니 말입니다.

네 번 째는 3학년 때입니다. 총학생회에서 전교생 미팅을 주선했는데 상대는 서울대 전교생이었습니다. 장소는 창경궁이었고요. 계절은 가을이었고요. 학년끼리만 맞추면 파트너가 정해지는 것이었지요. 그런데 웃지 못 할 사건들이 발생한 것입니다. 남자는 3.4학년이 부족하고 여자는 1 2학년생이 부족한 것입니다. 왜 그랬을까요? 남자들은 1.2학년과 미팅을 하고 싶어 1.2학년이라고 속였고, 여자들은 3.4학년과 미팅을 하고 싶어 1.2학년이 3.4학년으로 속인 것입니다. 그러니 학년 균형이 맞지 않는 것은 당연한 일이지요. 이렇게 되어 질서는 깨어지고 각자 알아서 파트너를 찾았습니다.

나의 상대는 수학과 학생이었습니다. 군에도 갔다 왔고, 그 여동생이 약학과에 다닌다고 했습니다. 전공이 이과이기 때문에 더 의식적으로 문학서를 보며 감성을 키워간다고도 했습니다. 문학 이야기며 철학 이야기를 많이 했고, 많이 나누었습니다. 창경궁을 한 바퀴 돌고 종로 5가까지 걸어와서 다방에 들어가 차를 마시며 얘기를 많이 나누었습니다. 아주 자상하게 얘기를 잘 했습니다. 선생님 같은 분위기를 풍겼습니다. 좋은 저녁을 보내고 헤어졌습니다.

그 뒤 장문의 편지가 왔었지요. 그 날의 추억을 잘 정리해 보내주었습니다. 역시 선생님다웠습니다. 호감으로 남아 추억으로 간직하고 답장은 해 주지 못했습니다. 그것으로 끝입니다. 아마 좋은 선생님이 되었을 것으로 믿습니다.

그 때 미팅에서 몇 쌍이나 성공을 이루었는지는 모르지만 그 후 어떤 모임에서 이화 동창을 만나게 되었고, 학교 이야기가 나오면서

이 미팅 이야기가 나왔습니다. 그런데 그 동창 부부가 바로 그 때 만난 부부라고 했습니다. 나는 놀랍기도 하고 반가워서 그 동창에게 박수를 치며 축하해 주었습니다., 그 때 그 행사를 주선한 사람이 당시 총학생회장이었던 고 김행자 국회의원이었지요. 그 날 그 동창과 나는 학교 이야기로 꽃을 피웠고, 특히 창경궁에서의 그 날 이야기로 즐거운 추억을 또 한 번 만끽했습니다. 역시 학창 시절의 추억은 아름답습니다. 세월이 지나고 나면 당시는 별 것 아닌 것 같이 지냈던 것도 더듬어 보면 새롭고 아름다운 추억으로 다가옵니다.

보통 여고 때의 추억이 제일 남는다고들 합니다. 하지만 나는 고등학교 때의 추억 못지않게 대학에서의 추억을 잊지 못합니다. 해마다 돌아오는 5월30일 <메이 데이>때 펼쳐지는 이화 잔치와 문리대 체육대회 때의 응원 열기, 문리대 합창 대회, 부활절 예배, 아침 기도회, 강원도 정선으로 농촌 계몽 간 일,..... 학교에서의 공식적인 행사는 접어 두고라도 친구들 간에 오고 간 재미있는 추억들이 많습니다. 이 모든 것들이 나의 '추억의 산책길'에서 나를 풍성하게 하고 내 마음을 즐겁게 합니다. '추억은 아름다워라!'

4) 월드컵 응원열기를 보며 -.
-문리대 체육대회를 생각하다.

2006년의 월드컵 응원 열기를 보며 또 다시 2002년 6월의 감격을 떠올립니다. 2006년 월드컵 경기에서도 우리 태극전사들은 잘 했습니다. 토고를 꺾었고, 준우승팀인 프랑스와 비겼으니 얼마나 자랑스러운 일입니까.

2002년 6월은 '대한민국의 달'이었습니다. 온 국민이 환희에 찼으며 세계가 감동했고, 온 나라가 감격했습니다. 축제의 한마당이었지요. 세계가 <대한민국>이란 이름을 자랑스럽게 알게 되었고, 응원의 열기는 온 국민의 마음을 하나로 어우러지게 했습니다.

붉은 파도의 물결은 거리에서, 공원에서, 운동장에서..... 출렁이며 출렁이며- 고층 아파트 안방까지 밀려왔고, 붉은 악마들의 함성은 하늘로 -, 세계로-, 우주로-,향하여 지축을 흔들었습니다.

대^한민국 짜자작! 짝!짝!

대^한민국 짜자작! 짝!짝!

대^한민국 짜자작! 짝!짝!

오!^ 필승! 코리아

오!^ 필승! 코리아

오!^ 필승! 코리아

오^오! 레에! 오-

창공에 울려 퍼지는 응원 열기를 보면서 추억 속에 잠겨버린 대학시절 체육대회에서의 그 응원열기가 아련히 다가왔습니다.

해마다 열리는 문리대 체육대회는 학생·교수가 다 함께 참가하는 큰 행사였지요. 경기 종목에서 이기고 지는 것이 문제가 아니었습니다. 각과마다 특징을 살린 응원이 최고였지요. 우리과는 해마다 응원에서 우승을 했는데 그것을 지키기 위해서 더 열심히 했고요.

우리는 그 소품들을 육군사관학교에서 빌려왔습니다. 그 때는 삼군 사관학교의 체육대회도 그 응원의 열기가 굉장했던 것으로 기억합니다. 그래서 육사는 그 응원에 필요한 다양한 소품들을 보유하고 있었고, 우리는 그것을 활용했지요. 그런 인연이 있어서 그런지 아니면 그 전부터 육사와 인연이 있어서 빌려오게 되었는지는 잘 모르지만 육사 출신과 우리과 출신과는 혼사도 꽤 있은 것으로 압니다. 우리 동기에서도 두 명인데 지금은 모두 별을 날았고, 동창회장을 지낸 K선배도 그 남편이 중장으로 예편을 하였으며 후배 남편 중에도 별을 달은 장군이 몇 명 더 있었으니까요.

체육대회는 각과에서 각 종목 대표 선수들이 뛰고 나머지 학생들은 응원에 참가했습니다. 강의가 끝나면 남아서 응원 연습도 하고 행사에 따른 준비도 했지요. 옷가지도 여러 가지를 준비했지요. 흰색과 검은색, 빨간색으로 쉽게 바꾸어 입을 수 있는 것으로 준비했고, 카드섹션으로 사용될 준비물도 빨강 노랑 파랑 흰색으로 했고, 모자도 색깔별로 준비했지요. 일단 화려하게 눈에 띄어야 했습니다. 그리고 쉬지 않고 끊임없이 변화를 주어가며 하는 독창적인 응원이 우수상을 차지했으니까요.

이번 월드컵 응원석에서 <붉은 악마>들이 펼친 카드섹션의 아이디어도 그 문구가 빛이 났습니다. 우리도 그 때 카드섹션을 활용한

문구와 모양의 변화로 시선을 끌기도 했습니다. 그러한 일들을 통하여 학과에 대한 애정과 교수와 학생간 또 선후배 및 동창과의 관계가 자연스럽게 가까워졌습니다.

요즈음 대학들은 학부제가 되어서 1학년 학생들이 첫 학기 보내기가 힘들다고 합니다. 과 선배가 있어서 따뜻하게 대해주는 것도 아니고 2학년에 가서 전공 선택에 대한 불확실성도 따르고 하여 적응하기가 힘들다고 합니다. 그래서 동아리를 더 찾게 된답니다. 많은 학생들이 동아리에서 자기의 정체성을 찾고 대학 생활의 기쁨과 보람을 찾는 경우가 많은 것을 주위에서 볼 수 있지요. 그렇기 때문에 동아리를 잘 선택해야 합니다. 동아리 활동에 따라 다르지만 동아리에 너무 빠지게 되면 학과 성적이 부실하게 되는 경우가 많은 것을 볼 수 있습니다. 필자가 대학 다니던 그 때는 <동아리>가 지금처럼 다양화되어 있지 않았고, 적극적인 활동도 없었기 때문에 주로 학과 행사를 중심으로 캠퍼스 생활이 이루어졌고, 선후배 관계도 학과를 중심으로 주로 이루어진 편입니다.

더듬어 보면 그 때 문리대 체육대회가 있었기 때문에 내 대학시절의 추억이 더 풍성한 것 같습니다. 체육대회 준비를 통하여 선후배는 물론이고 교수님들과도 더 가까워졌음을 알 수 있지요. 교수와 학생이 함께 참가한 문리대 체육대회였습니다. 그 때 학과장이셨던 정의숙 이사장님께서 열성적으로 우리를 밀어주고 이끌어주셨습니다. 하나를 보면 열을 안다는 속담이 있듯이 그러한 열정이 있으셨기에 이화의 총장으로도 추대된 것으로 봅니다.

4학년 때입니다. 필자가 체육대회 행운권 추첨에 당선되었는데 피어리스 화장품 한 세트를 받았습니다. 그 때 학과장이셨던 정의숙

이사장님께서 나에게 "정자가 화장을 안 하니까 하나님께서 화장할 때가 되었다고 상으로 주셨다"고 하셨습니다. 그 때 대부분의 학생들이 화장을 했습니다. 특히 4학년 때는 그랬지요. 그런데 필자는 화장을 안 했습니다. 어머니께서 연세도 드셨지만 화장하신 모습을 본 적이 없습니다. 그 때 분들은 대부분 그랬던 것 같습니다. 그래서 졸업할 때까지 화장을 안 했습니다.

요즈음은 사람들이 필자를 보고 피부가 깨끗하다고 합니다. 아마 젊었을 때 화장을 적게 해서 그런 것도 같습니다. 나이를 들면서 화장을 하고 피부를 가꾸는 편이지요.

추억은 아름답습니다. 2002년, 2006년 두 번 겪은 6월의 월드컵 열기와 환희 또한 내 추억 속에 영롱하게 빛날 것입니다. 내가 애쓴 만큼, 내가 노력한 만큼 내가 시간을 투자한 만큼 내가 관심을 가진 만큼 추억은 내게 다가옵니다. 내가 열정적으로 했으면 그만큼 아름답게 다가옵니다. 아름다운 추억은 생을 풍성하게 만듭니다.

5) 오월이 오면... - 이화잔치

오월이면 대학마다 축제의 색깔로 캠퍼스는 온통 싱그러운 녹음과 어울려 젊음을 곱게 물들이고 있습니다.

오월의 캠퍼스는 물고기의 세찬 펄떡거림입니다. 짙은 녹음은 병풍을 이루고, 젊은 가슴은 8월의 태양을 닮아갑니다. 오월의 신록처럼 축제의 한마당은 절정을 이루고, 젊음의 가슴은 뜨거운 파도로 일렁입니다. 밀려오는 새벽 정기를 들이키며 동녘에 뜬 힘찬 태양을 바라봅니다.

태양이 조금도 어그러짐이 없이 그의 길을 가며, 막중한 그의 일을 잘 수행하여 가듯, 젊음은 창공을 달리는 태양을 닮으려 합니다.

5월의 젊은 열기를 보며 나의 그 시절을 상기해 봅니다.

문리대 체육대회와 더불어 5월 31일 <메이 데이>는 많은 행사를 곁들인 이화인의 축제의 날입니다. 뭐니뭐니해도 메이 데이의 '하이라이트'는 <오월의 여왕 대관식>이지요. 각과에서 뽑힌 과 퀸 중에서 심사위원들의 투표에 의해 최고 득점자가 여왕이 되고 차점자는 수석시녀, 나머지는 시녀가 됩니다. 육군 사관학교 밴드부가 호위병이 되어 그 날의 행사에 빛을 더해 줍니다.

각과 퀸의 조건은 B 학점 이상에 키 160 ㎝ 이상의 조건이었지만 무엇보다 과 친구들에게 신망이 있어야 했습니다. 인기라고도 말할 수 있겠지만 단순한 인기의 차원을 넘어 신의와 덕망이 있어야 했습니다. 그 때 우리과에서도 두 사람을 두고 편이 갈리어 보이지 않는 경쟁이 치열한 것으로 알고 있습니다. 곧 크게 보면 서울 아이들과 지방 아이들의 그룹이었는데 마지막 판에서 복학생들이 지방 아이들 편이 되어 결국 지방 아이가 퀸에 당선됐습니다. 그 때 나는 중립을 취했습니다. 왜냐하면 두 친구 모두 내가 좋아했기 때문이지요.

행사 순서 가운데 대강당에서 노래자랑이 있었습니다. 그 때 내 친구의 파트너가 나가서 'Mr. Lonely'를 아주 잘 불렀습니다. 상품도 푸짐하게 탔고요. 그들은 부부가 되어 지금 무려 5남매를 거느리고 있습니다. 그 남편은 대기업 이사로 있는데 5남매를 둔 이유도 있지요. 위로 딸이 넷이고 막내가 아들이니까요.

남편이 안동 권씨 집안의 외아들이니 아들이 있어야 조상 제사를 드리지요. 아빠가 음악을 너무 좋아한 연유로 해서 딸 셋이 다 음악을 했습니다. 첫째는 피아노를 전공해서 피아노 박사가 되어 현재 대학에서 강의하고 있고, 둘째는 바이올린을 했고, 현재 미국에 있으며, 셋째는 미술을. 넷째는 첼로를 전공합니다. 나의 친구인 그 엄마는 '가지 많은 나무에 바람 잘날 없다'고 많은 자식들 뒷바라지에 항상 바쁘게 생활합니다.

지금은 우리가 누렸던 그 시절 그 낭만과는 다른 세계를 오늘의 정서에 맞게 누리고 있는 것 같습니다. 추억은 아름답듯이 나는 그 때 그 시절이 참 좋았던 것 같습니다. 대학 생활도 그 때가 더 낭만이 있었던 것 같고요. 대학생으로서의 고상함도 있었고, 자긍심도 컸고, 어딜 가나 대학생으로서의 대우도 받았고, 당당했으며. 거리낌이 없었고, 자신이 있었지요.

이화잔치는 그 시절 그야말로 지성과 낭만의 한마당이었습니다. 여러 곳에서 여러 가지 행사가 있었고, 게임에서 받는 상품권과 그 날의 행운권도 많았지요. 그에 따라 각 기업체에서 내놓은 상품도 푸짐했고요. 행사 순서의 피날레는 역시 쌍쌍파티였습니다.

오월의 긴긴 하루가 땅거미를 적시러할 즈음에 재학생은 누구나 파트너를 데리고 운동장으로 운집했습니다. 과별로 원형을 그렸지요. 체육과 교수님들의 지도에 따라 우리는 포크 댄스를 했습니다. 우리는 체육시간에 배웠기 때문에 파트너들을 리드하기가 쉬웠지요. 파트너를 바꾸어가면서 돌아가는 댄스였습니다.

한 소절이 끝나고 자기 파트너를 찾아가는 순서였습니다. 내 친구가 자기 파트너를 못 찾아 좀 헤매었지요. 결국은 나중에 찾았지만 그 때의 에피소드를 듣고 우리는 깔깔대며 웃었습니다. 그리고 그 남자의 푸근한 말투에 좋은 점수를 주었고요. 내 친구가 겨우 찾아가서는 하는 말 "보여야 찾아오지" 했더니 그 파트너왈 "그래도 발돋음 한 걸"하더랍니다. 내 친구는 자기가 키가 작기 때문에 남자도 키 작은 사람을 택했답니다. 왜냐하면 2세가 키가 작으면 자기 닮아서 키 작다는 소리가 듣기 싫어서였답니다. 그 말에 우리는 또 한바탕 깔깔대며 웃기도 했지요.

그러한 친구가 지금은 남매를 두었는데 아들이 176㎝, 딸이 163㎝랍니다. 둘 다 아버지의 길을 따라 의사의 길을 걷고요. 엄마 아빠가 작다고 꼭 따르는 것이 아님을 증명해 주었지요. 요즈음 아이들이 못 먹던 시절의 사람들과 비교하여 훨씬 큰 것을 보아도 증명이 되고요. 또 연변을 넘나드는 북한의 꽃제비들을 보면 먹지 못해 키가 자라지 않는 것을 볼 수 있습니다. 그러니 키도 후천적인 요인이 많은 것을 알 수 있지요. 2002년 월드컵에서 미국선수들과 우리 태극전사들을 소개할 때 평균키가 우리 선수들이 높은 것을 보고 기분이 좋았습니다. 경제 성장의 증거이지요.

지금은 모교에서 그 때의 이화 잔치의 풍경은 볼 수 없습니다. 메이 데이의 '하이 라이트'였던 <메이퀸 대관식>도 없어진지 오래되었다고 합니다. 80년대 학생운동이 한창일 때 총학생회에서 특권의식 조장이라며 <메이 퀸 선거> 자체를 거절했다고 합니다.

모든 것은 생각하기 나름이지요. 특권의식 조장으로 생각하는 사람에게는 특권의식을 스스로 부여하게 되는 것이고, 하루의 축제 마당에서 즐기기 위한 여러 행사 중의 하나로 생각하는 사람에게는 즐거운 볼거리에 불과하지요. 실제로 신분이 격상되는 것도 아니고요.

5월의 축제의 한마당을 바라보며, 추억 속에서 맴도는 나의 그 시절을 생각해 봅니다. 풍성한 축제의 한마당을 즐기던 그 시절의 '메이 데이'! '이화잔치!'가 지금도 그립습니다. 추억은 아름다워라.

5. 강의를 하면서

우리는 공기의 고마움을
당연시하며 지나쳐버리듯이
우리가 쓰고 있는 한글에 대하여도
그 절실한 감격이라든지
글의 우수성이라든지 자긍심도 느끼지 못하고
세종대왕이 만든 쉬운 글자로만 생각하는
사람들이 많은 듯 합니다.

한글이 반듯하게 오늘에 이르기까지는
많은 분들의 노고가 있었습니다.
그 중에서도 나는 주시경 선생을 생각하면
옷깃을 여밉니다.

1) 선각자 주시경 선생

우리는 공기의 고마움을 당연시하며 지나쳐버리듯이 우리가 쓰고 있는 한글에 대하여도 그 절실한 감격이라든지 글의 우수성이라든지 자긍심도 느끼지 못하고 세종대왕이 만든 쉬운 글자로만 생각하는 사람들이 많은 듯 합니다. 한글이 반듯하게 오늘에 이르기까지는 많은 분들의 노고가 있었습니다.

그 중에서도 나는 주시경 선생을 생각하면 옷깃을 여밉니다. 39세의 짧은 삶 속에서 그는 우리글을 오늘의 자리에 올려놓을 수 있도록 기틀을 마련한 분입니다.

선생은 1876년 황해도 무릉골에서 나서 1914년 39살의 젊은 나이로 세상을 떠난 국문학자입니다. 갑오경장과 한일합방을 겪은 근대화의 소용돌이와 일본침략이라는 민족의 수난 속에서 오직 국어연구를 평생의 과업으로 삼았습니다. 선생은 국어의 발전이 민족의 흥망성쇠와 직결된다는 것을 느끼고 국어연구와 그 발전에 몰두했습니다. 한글 전용을 외쳤고, 국어 순화를 실천에 옮겼습니다.

선생이 이렇게 국어를 연구하게 된 동기는 13세 때 서당 글을 배우면서부터입니다, '왜 하필 이 어려운 한자를 배우면서 학문을 한다는 말인가? 학문은 그 내용을 알면 되는 것인데 왜 하필 이 한자에 의지해서 배워야 하는가. 알기 쉬운 우리글이 있는데?' 쉬운 우리 글로 그 내용을 전달한다면 더 빨리 그 진리를 깨칠 수 있다는 것을 선생은 절실히 느꼈습니다. 그리하여 18세 되던 때부터 신학문을 배우기 시작하여 바로 국어연구에 들어갔습니다.

선생이 국어 연구를 하면서 절실히 느끼고 깨달은 것은 자국어의 발전이 곧 국가의 발전이고 힘이라는 것입니다. 그 때까지 우리나라는 한자만을 배우고 한문만을 숭상하면서 사대사상에 젖어 중국을 대국으로 섬겨왔습니다. 선생은 '말과 글은 바로 그 민족의 본성으로서 국가의 흥망성쇠와 직결'됨을 깨닫고 당시의 심경을 다음과 같이 토하기도 했습니다.

> '자기 나라를 보존하여 자기나라를 일어나게 하는 길은 나라의 바탕을 장려함에 있고, 나라의 바탕을 장려하는 길은 자기 나라의 말과 글을 존중하여 쓰는 것이 가장 중요하므로 자기나라의 말과 글이 어떤 나라의 말과 글만 같지 못하더라도 자기나라의 말과 글을 갈고 닦아 기어이 만국과 같아지기를 도모해야할 것이거늘 우리는 단군 이래로 덕정을 베풀던 그 훌륭한 말과 글자를 연구한 일이 없다'

고 한탄하였습니다.

당시 위정자나 지식인들 할 것 없이 아무도 돌보지 않는 한글을 바로잡기 위해서 선생은 학문적인 연구와 함께 이를 보급하는데 온 힘을 기울었습니다. 고종 32년(1895), 때마침 미국에 망명가 있던 서재필이 새 정부의 고문으로 들어와서 배재학당에서 교편을 잡게 되었습니다. 그에게서 주시경은 큰 감화를 받았습니다. 서재필은 우리나라를 근대화하려는 혁신운동을 일으키기 위해서 독립협회를 만들고 독립신문을 내었습니다. 이 신문은 민족정신을 고취하고 일반 대중의 계몽을 위해서 한글만으로 제작되었습니다. 주시경은 그 경영에 관여하여 교열을 맡았고 사설을 통하여 논설문을 발표하여 그의 한글에 대한 애정을 피력하기도 했습니다. 독립신문 제일권 제일호 논설에서 주시경은 다음과 같이 주장하기도 했습니다.

> 우리 신문이 한문은 아니 쓰고 다만 국문으로만 쓰는 것은 상하귀천이 다 보게 함이라 ... 각국에서는 사람들이 ... 본국 국문을 먼저 배워 능통한 후에야 외국 글을 배우는 법인데, 조선서는 조선 국문을 아니 배우더라도 한문만 공부하는 까닭에 국문을 잘 아는 사람이 드묾이라. ...조선국문이 한문보다 얼마나 나은 것이 무엇인고 하니, 첫째는 배우기가 쉬우니 좋은 글이요, 둘째는 이 글이 조선글이니 조선 인민들이 알아서 백사를 한문 대신 국문으로 써야 상하 귀천이 모두 보고 알아보기가 쉬울 터이라. 한문만 늘 써 버릇하고 국문은 폐한 까닭에 국문만 쓴 글을 조선 인민이 도리어 잘 알아보지 못하고 한문은 잘 알아보니 어찌 한심치 아니하리오.

이러한 주시경의 주장은 그대로 그의 실천으로 이어져 국어와 국문자의 근대화를 완성시켰습니다.

첫째 순수국어를 쓴 일,

둘째 현대식 맞춤법을 거의 완성시킨 일,

셋째 한글 전용을 실천한 일입니다.

이 시기 한글 전용의 길을 터놓은 것은 물론 독립신문이고 그것은 서재필과의 만남에서 이루어진 것입니다.

그 외도 주시경은 가로쓰기와 풀어쓰기를 시작했으며 국어문법의 기초를 닦았고 국어 순화를 이룩하였습니다.

근자에 일부 학자들이 주장하는 '한문 혼용'에 접하면서 주시경 선생을 다시 생각해 보았습니다. 해방 후 지금까지 한글 전용을 한다고 했지만 한문은 그대로 혼용되었고, 지금도 한문을 많이 배우고 사용하고 있습니다. 그런데 한문 혼용이 되면 또 다른 문맹자가 속출합니다. 한문은 배우기가 어떻든 어렵습니다. 오죽이나 어려웠으면 본토 중국에서까지 간자체가 나왔겠습니까? 중국에 가보니 간판을 온전히 읽을 수가 없었습니다. 간자로 쓴 것이 그럴 듯 하면서도 아닌 것이 있었습니다. 한자를 아는 필자로서도 새로 간자를 배워야만 중국을 알 지경입니다. 대만은 지금도 어려운 한자지만 그대로 써서 필자에게는 오히려 편리했습니다.

한자 혼용은 안 했으면 좋겠습니다. 그러지 않아도 지금처럼 한자를 배울 사람은 다 배웁니다. 뜻이 애매한 것은 ( )안에 한자를 병용하면 됩니다. '애매'니 '병용'이란 낱말도 한자가 없어도 그 뜻을 알 수 있잖아요. 그것을 복잡하게 풀어서 쓸 필요도 없고 어렵게 한자를 활용하지 않아도 이미 국어 낱말로 정착되었습니다. 한자는 제2외국어를 배우듯이 지금 이 정도면 족합니다.

우리의 좋은 글, 한글을 전용하며, 우리글을 갈고 닦고 아꼈으면 좋겠습니다. 한글 전용으로도 불편 없이 얼마든지 글을 쓸 수 있고 의사 표현을 얼마든지 할 수 있습니다. <한겨레 신문>이 그렇고, <독립신문>도 그랬습니다, <소설>도 <시>도 <수필>도 <희곡>도 한글 전용입니다. 무엇이 불편한가요?

우리글에 대한 자긍심과 한글의 우수성을 바로 알고, 선생의 한글 사랑과 그 연구의 취지를 모두가 깨달아 알기 바랍니다. 우리 한글은 세계의 언어학자들이 그 우수성을 이미 인정하고 있습니다. 주시경 선생의 업적을 기리며 이제 우리도 우리글을 아끼고 사랑하고 갈고 닦아야 합니다.

2) 毋自欺(무자기)의 교훈

사람같지 않은 행동을 하는 사람을 가리켜 '철면피' 라니 '人面獸心(인면수심)'이니 하는 말을 하게 됩니다.

맹자는 동물과 사람을 구별하는 척도로써 사람은 仁義禮智(인의예지)의 人性(인성)을 가지고 있기 때문이라 했습니다. 즉 어려운 처지에 있는 사람을 보고 측은하게 생각하는 마음이 생기는 것은 어진 마음 곧 仁(인)이 있기 때문이며, 부당한 대우를 받았을 때 창피하다는 마음이 생기는 것은 義(의)로운 마음이 있기 때문이며, 사양하는 마음과 남을 공경하는 마음이 있는 것은 禮(예)가 있기 때문이며, 시비를 가릴 줄 아는 것은 지혜가 있기 때문이라 했습니다. 이것은 인간만이 가지고 있는 것으로 사람을 사람이게 하는 까닭이라 했지요. 이러한 의미를 가진 仁義禮智(인의예지)의 인성을 최대로 실현시키는 것을 맹자는 군자의 道(도)라 했습니다.

이 도를 실현시키기 위해서는 먼저 '정직'해야 한다는 것입니다. 이 정직이란 대인관계에 있어서는 솔직하고 진실해야 하고, 자기 자신에 대해서는 자신을 속이지 않는 것이지요. 남의 눈과, 남의 마음은 속이려면 속일 수 있지만 자기 자신은 속일 수 없지요. 어떠한 일을 하든 자기 자신은 알고 있기 때문이지요.

옛 선비들은 자기 자신을 속이지 않는 것 곧 毋自欺(무자기)와 홀로 있을 때 삼가 행동한다는 의미를 가진 愼獨(신독)을 귀하게 생각하고 이것을 도덕 생활의 근본으로 여겼습니다. 사실 그렇습니다. '열 길 물 속은 알아도 한 길 사람 속은 모른다'는 말이 있듯이 남이 숨겨진 내 마음을 모르니까 속일 수도 있고 속을 수도 있지만 나 자신은 못 속이는 것입니다. 나 자신은 스스로 알기 때문이지요.

필자가 처음 강의를 하던 해입니다. 교양과목이라 100명이 넘었습니다. 재수강생도 몇 명 있었습니다. 필자는 그 때나 지금이나 재수강생은 특별히 마음을 갖고 관리하는 편입니다. 그래서 얼굴과 이름을 자연적으로 익히게 됩니다. 그런데 시험 때입니다. 조교 선생이 다니면서 감독을 하고 필자는 교탁 앞에서 먼저 한 사람 시험지를 받고 있었습니다.

그 때였습니다. 시험지에 쓰인 이름은 분명 재수강생의 이름인데 학생은 다른 학생이었습니다. 그것도 성별이 다른 여학생이었습니다. 순간 가슴이 뛰었습니다. 잠시 동안 눈을 감고, 마음을 진정시켰습니다. 그 이름의 주인공은 시험지를 앞에 두고 가만히 앉아 있었습니다. 시험 시간이 끝났습니다. 그 학생도 나갔습니다. 어느 사이 나갔는지 보지 못했습니다. 그 시험지를 따로 간수했습니다. 중간고사이기 때문에 시간적 여유가 있었습니다. 아무 말 없이 지켜만 보고 있었습니다.

두 주가 흘렀습니다. 마침 강의 내용 중에 毋自欺(무자기)와 愼獨(신독)이란 낱말이 나왔습니다. "옳거니"하고 毋自欺(무자기)에 대해서 열강을 했습니다. '.......도덕의 근본은 무자기와 신독에 있다. 자기마음을 속이는 것이 모든 죄악의 뿌리가 된다. 자신을 속이고도 마음에 가책을 느끼지 않는 사람은 무슨 짓이든 할 수 있는 사람이다. 法網(법망)을 교묘히 피하는 사람도 이러한 사람이고, 부패하고 타락된 생활을 하는 사람도 바로 자신을 속이는 이러한 사람들이 하는 짓이다. 사기 치고 협잡하는 사람도 바로 이러한 사람의 짓이고, 남을 중상하고 모략하는 사람도 바로 자신을 속이는 사람이다. 자기 자신에게 충실치 못하는 사람이 어찌 남의 일에 충실하겠는가? 먼저 자기 자신을 알아야만 자기에게도 충실할 수 있다. 소크라테스가 말한 <네 자신을 알라>는 무엇을 말하겠는가? 네 자신의 양심의 소리에 귀를 기울이라는 것이다 곧 자신에 충실하라는 것이다. ....'

일주일이 지났습니다. 그 학생이 복도에서 기다리고 있었습니다. 그 이유를 짐작하고 반가웠습니다. 그러면서도 시치미를 뚝 뗐습니다. 그 학생이 머뭇거리면서 말했습니다. 그 간의 自初至終(자초지종)을 얘기했습니다. 졸업반이라 작품전시회준비가 있어서 그 준비 때문에 시험공부를 못해서 대신 후배가 대리 시험을 쳤노라고, 지난 주 강의를 들으면서 너무 부끄럽고 괴로웠노라고,- 용서해달라고 - 시험을 다시 치겠다 했습니다. 디 들은 후 그러나고, 와 주어서 고맙다고 했습니다. 재시험을 쳤습니다. 후한 점수를 주었습니다.

그 후 연락이 왔습니다. '그 때를 교훈 삼아 성실한 사회인이 되겠다'고 했습니다. 그리고 전시회를 한다고 -. 초청장이 들어 있었습니다. 毋自欺(무자기)의 교훈을 바로 받아들인 착한 학생입니다.

毋自欺(무자기)는 곧 자기의 선한 양심입니다. 아무리 악한 사람도 죽음에 임박해서는 이 양심이 고개를 든다고 합니다. 양심의 소리는 성장과정에서 교육으로 인해 지속적으로 발전하고 유지된다고 합니다. 그래서 자라나는 아이들에게는 지속적인 도덕 교육이 이어져야 한다는 것이지요.

그러기에 옛사람들은 어릴 때부터 <소학> <명심보감> 등으로 도덕 윤리 교육을 시켰던 것입니다. 거짓말을 하고, 남을 속이고, 남의 눈을 피하고, 사기치는 사람들은 먼저 자신을 속이는 사람들입니다. 곧 자기 양심을 속이는 사람들이지요. 그러므로 모든 죄악의 뿌리는 결국 자기 자신을 속이는 데서부터 시작됨을 알 수 있습니다.

옛 선비들은 혼자 있을 때 삼간다고 했습니다. 그래서 재실의 이름을 愼獨(신독)이라 하여 혼자 있을 때도 언행을 삼가 했다는 것입니다. 毋自欺(무자기)나 愼獨(신독)은 개인의 보이지 않는 道德律(도덕율)입니다.

3) 안민가를 읽으면

고전을 읽다보면 정말 주옥같은 글들이 내 심금을 울립니다. 그것은 옛글이로되 오늘을 사는 우리에게 더욱 현대이게 하는 글입니다. 그리고 더욱 현재에 필요한 말들이고요.

신라 경덕왕 때는 나라가 많이 혼란스러웠습니다. 오죽 했으면 왕이 충담사를 불러 백성을 다스리는 노래를 청했겠습니까? 충담사는 安民歌(안민가)를 지어 왕께 바쳤습니다. 그 노래 끝 구절을 보면 '임금은 임금답게 신하는 신하답게 백성은 백성답게 하면 나라는 태평하리라'고 했습니다.

이와 비슷한 말이 論語(논어) 顔淵(안연)편에도 나옵니다. 제경공이 공자에게 정치에 대해서 물으니까 공자가 말하기를 '君君 臣臣 父父 子子' 라 했습니다. 곧 임금은 임금의 도리를 다하고 신하는 신하의 도리를 다하고, 아비는 아비의 도리를 다하고, 자식은 자식의 도리를 다하면 정치는 바로 선다는 것이지요. 그렇습니다. 각자가 자기의 위치에서 자기의 도리를 다하고 책임과 의무를 충실히 하면 가정도 사회도 나라도 잘 되는 것입니다. 그렇게만 한다면 공무원 伏地不動(복지부동)이란 말도 나오지 않을 테고, 부실공사도 나오지 않을 테고, 부정부패 불의도 사라질 것이고, IMF도 오지 않았겠지요.

충담사를 불러 안민가를 요청한 것을 보면 경덕왕도 나라를 잘 다스려 백성들을 편안하게 해 주고 싶었던 것 같습니다. 그러나 그 나라를 잘 다스린다는 것이 어디 마음만 있다고 되겠습니까?

이스라엘왕 솔로몬은 부왕 다윗으로부터 왕위를 이어 받은 후 그는 그가 섬기는 하나님께 '일천 번 제사'로서 그 소원을 청하기를 "나에게 이 나라를 다스릴 수 있는 지혜와 지식을 달라"고 기도했습니다. '일 천 번 제사'가 쉬운 일인가요? 우리가 보기에도 한 나라의 군주로서 그 자세가 훌륭하지 않습니까? 이스라엘의 하나님은 그에게 응답하기를 "네가 부도 귀도 구하지 않고 오직 백성을 다스릴 지혜와 지식을 구했으니 너에게 그 지혜와 지식과 더불어 부귀와 영광도 주리라"고 했습니다. 그대로 이루어졌습니다. 이스라엘은 솔로몬왕 때 가장 번영했고, 솔로몬의 영광은 전무후무하다고 합니다.

경덕왕은 지혜가 부족한 왕으로 보입니다. 왜냐하면 왕은 자식을 갖기 위해 그 당시 나라에서 가장 덕망이 높은 표훈대사를 불러, 上帝(상제)께 청하여 자식이 있게 해달라고 했습니다. 표훈대사는 상제께 왔다갔다하며 왕의 뜻을 전했습니다. 상제는 표훈대사에게 말하기를 '내가 아들을 줄 수는 있지만 아들이 나면 나라가 위태할 것'이라 했습니다. 그래도 경덕왕은 '나라는 비록 위태하더라도 아들을 얻어 자기 뒤를 이으면 좋다'고 했습니다.

결국 왕의 고집으로 아들을 낳았습니다. 그 아들 곧 태자가 8살 때에 경덕왕은 죽고 태자가 왕위에 올랐습니다. 이가 혜공왕입니다. 왕이 어려서 태후가 섭정하였는데 정사가 제대로 다스려지지 못하였습니다. 나라 안은 도적 떼들로 어지러웠고, 각 처에서 이변도 일어났습니다. 결국 혜공왕은 김양상(선덕왕)과 김경신(원성왕)에 의하여 죽임을 당하였습니다.

경덕왕은 안민가를 청하여 백성을 편안하게 다스려 보고는 싶었지만 자신의 개인적인 후사에 대한 욕심 때문에 결국 다 잃었습니다. 나라를 다스리는 지혜와 지식까지 부족한 왕이었습니다. 표훈대사의 말대로 이루어진 것입니다.

<주인의식>이란 말이 한 때 유행했을 때가 있습니다. 필자는 이 말이 참 좋습니다. 책임과 의무 못지않게 어느 위치 어디에서 무엇을 하든 내가 주인이라는 주인 의식을 갖고 어떠한 일을 한다면 적어도 부정, 부패, 부실함은 없을 것입니다. 나의 것을 어떻게 아무렇게나 할 수 있겠습니까? 특히 부실공사가 사라질 것입니다. 내가 사는 집을 엉터리로 짓지는 못할 것입니다. <삼풍 백화점>이나 <성수 대교>같은 대형 사고도 없었을 것입니다. 부정 식품도 그렇습니다. 내 집 식구 내 아이가 먹는다고 생각하면 유해성 물질이나 유해 첨가물을 불법적으로 사용하지는 못할 것입니다.

君君 臣臣 父父 子子를 현대의 입장에서 한 번 생가해 보겠습니다. 君(군)은 대통령입니다. 대통령은 대통령으로서의 직분과 직책을 충실히 하면 됩니다. 어느 대통령이 그 막중한 자리에 있으면서 자기의 책무를 게을리 하겠습니까만 나라를 다스리는 지식과 지혜가 있어야 하지요. 지혜가 무엇입니까? 시시비비를 가릴 줄 아는 판단력이지요. 어떤 정책을 처음으로 입안하고 시행할 때는 찬반론자들이 꼭 있습니다. 이를 때 그것이 잘 된 건가 아닌가 하는 마지막 판단은 대통령의 지혜라고 생각합니다. 장관들은 일이 터지면 또는 잘못되면 물러나는 것으로 책임을 다한 것으로 착각합니다. 하지만 대통령은 그것까지도 국민들의 질책을 감수하게 됩니다. 그래서 결국은 대통령의 지혜와 지식이 요구됩니다.

臣(신)은 대통령을 보필하는 모든 사람들입니다. 그들이 자기의 위치에서 성실히 자기 임무와 책임을 다하면 나라가 평안합니다. 그들이 자기 임무를 소홀히 하면 그 원성은 정부에 갑니다. 말단 공무원의 사소한 업무에서부터 장관들의 큰일에 이르기까지 그렇습니다.

父父 子子, 아버지(어버이)는 아버지의 도리를 다하고 자식은 자식된 도리를 다하면 가정은 바로 설 것입니다. 가정은 가장 작은 사회의 구성원입니다. 각 가정 가정이 행복하고 건전하면 그로 이루어진 사회는 건전하고 평화로울 것입니다.

한 사람 한 사람이 모여서 단체가 되고 사회가 이룩되고 국가가 되고 국민이 됩니다. 대통령에서 일반 국민 한사람 한 사람에 이르기까지 주인의식을 갖고, 각자가 자기의 위치에서 해야 할 일을 바로 깨달아, 정직하게 그 임무와 책임을 다하면 나라는 안정되고 발전하고 평화로워질 것입니다. 이것이 인류의 스승인 공자가 한 말이고 충담사가 한 말입니다.

4) 외래 교수실 풍경

대학에 따라 차이는 있지만 외래 교수실은 전임 교수들에게는 점심 식사 후 잠깐 들려서 동료 교수들 간에 차를 뽑아 마시며 대화를 나누는 대화의 방이 되기도 하지만 비전임 교수들에게는 연구실 겸 휴식 공간입니다. 요즈음 같이 전임 교수가 되기 어려운 실정이고 보니 비전임 교수들의 애환의 소리가 높을 수밖에 없습니다.

몇 년 전의 일입니다. P박사는 독일에서 8년만에 학위를 따서 귀국했습니다. 함께 고생한 아내에게 미안하다고 했습니다. 그래서 강의를 접어 둘 생각을 하면서 사업을 계획하고 있었지요. 그런데 그 나음 학기에노 나왔습니다. 사업을 하려고 했는데 IMF 이 후 아직도 우리 경제의 흐름이 어려워 그것도 접어 두고 학교에 그냥 나오기로 했다고요. P박사는 대학을 졸업하고 3년간 직장 생활을 하다가 다시 학문의 길에 들어서 독일에서 석 박사를 따고 귀국했을 때가 38세였답니다. 2, 3년이 물 흐르듯 지나가 버리더랍니다. 이제 45세를 바라보고 있으니 전임되기는 힘들다는 것입니다. 대학에서 전임 교수 초빙 나이를 제한하기 때문입니다.

이와 비슷한 경우가 또 있습니다. A박사는 불문학을 전공했는데 8년만에 돌아왔습니다. 대학도 학부제가 되었고, 제2외국어도 불어나 독어가 약화된 상태에서 전임 따기는 더욱 어려운 실정입니다. 외국에서 힘써 딴 학위에 당당하고 자랑스러워야할 박사들이 패기가 없어 보입니다. 힘이 없어 보입니다. 전임이 되었더라면 연구에 몰두하며 당당해졌을 그 사람들이...... 가정생활이 있고, 아이들이 있습니다. 가장으로서 생활에 책임이 있기에 그것을 충족시켜 줄 수 없는 현 위치가 안타까울 뿐입니다.

일본에서 15년 만에 돌아온 H박사는 정치학이 전공입니다. 학위 따기가 까다롭다는 일본에서 정치학 박사를 따왔건만 한국에서는 전공 강의를 제대로 못하고, 일본어를 가르치고 있습니다. 생활방식이 낙관적이라 본인(H박사)은 이렇게 말합니다. '학문은 좋아서 했고, 또 학생들이 좋아서 가르치니 행복하고, 강의만 하니 다른 것에 신경을 안 써도 되니 자유스러워 좋다'고 했습니다. 그 말에는 필자도 마찬가지라며 맞장구를 치기도 했습니다....... 사실 나 또한 학문을 좋아했기에 늦도록 공부했고, 가르치는 것을 좋아하기에 다시 태어나도 교직을 택한다고 했습니다. 보직으로 인한 아무 부담도 없으니 신경 쓸 것이 없고, 교수 평가제로 인한 연구에 부담이 없으니 자유스럽습니다. 그야말로 자유스럽게 논문을 쓰고 책을 낼 수 있으니 좋습니다.

미국에서 물리학 박사를 따온 대학 동문 후배를 지난 학기에 만났습니다. 이제 40을 갓 넘긴 나이입니다. 미혼이었습니다. 공부에 청춘을 바친 것이지요. Y 대학 연구소에 있으면서 이곳까지 출강을 했습니다. 다음 학기부터는 모교에서 강의를 하기 때문에 못 나온다고 했습니다. 전임이 되기를 바라면서 식사를 같이 하고 헤어졌습니다.

러시아에서 러시아 문학을 전공한 갓 30이 된 K박사는 한국에서 학부를 졸업하고 바로 러시아로 가서 석사 박사 학위를 취득했습니다. 그 곳에서 같은 유학생을 만나 결혼까지 했고, 아기까지 있는 그야말로 갖출 것을 다 갖춘 앞이 창창한 젊은이 입니다. 나이가 젊기 때문에 또 본토에서 그만큼 공부를 하고 왔으니 틀림없이 머지않아 전임이 될 것입니다. 이러한 젊은 사람들을 볼 때면 공부는 역시 할 때 바로 하는 것이 좋다는 생각을 하게 됩니다.

대학에 있노라면 통념상의 혼기 적령기를 놓친 처녀 총각들이 많습니다. 물론 일찍 결혼하여도 부모님의 도움이나 아내의 도움으로 생활 걱정을 들고 있는 사람도 있지만 그렇지 않고 학문에 매달려 있다가 혼기를 놓치는 경우가 많습니다. 결혼을 하고 공부를 하는 사람들은 그만큼 생활의 어려움이 따르고, 여자들의 경우는 육아와 학문, 강의 사이에서 힘겹게 지나고 있습니다. 결혼을 하지 않은 사람들은 하지 않은 대로 뭔가를 얻지 못한 것 같은 허전함이 있고, 결혼한 사람은 결혼한 사람대로 어려움이 있는 것을 보게 됩니다. 그야말로 결혼을 해도 걱정, 아이를 가져도 걱정입니다. 그런가 하면 결혼을 안 해도 걱정, 아이가 없어도 걱정입니다.

필자도 경험한 사실이지만 결혼을 하고 학문을 하며 직장을 가진다는 것은 어렵습니다. 남자들보다는 여자들이 훨씬 힘이 들고 어렵지요. 결혼 전까지는 여자들도 남자들과 마찬가지로 어려움은 없습니다. 하지만 결혼 후는 상황이 다르죠. 아무리 남편이 도와준다고 하지만 한계가 있고 결국은 가정 살림은 여자의 몫으로 돌아옵니다. 육아에 있어서도 그렇습니다. 누구에게 맡긴다하지만 결국은 엄마의 몫으로 돌아옵니다. 그래서 여자들은 고달픕니다.

필자가 3남매를 기른 후 다시 공부를 하겠다고 모교를 찾았을 때 '지금 하지 못한다'고 막은 사람도 기혼의 여교수님이었습니다. 남자 교수님들이나 독신의 여교수님들은 차라리 그러지 않았습니다. 그분들은 길을 열어 주고 그 방법을 일깨워주었습니다. 그 때 필자는 그 여교수님이 원망스러웠고, 많이 섭섭했습니다. 결국 그 분의 제자도 못되었고, 모교를 떠났습니다. 하지만 나에게는 새로운 길이 열렸고, 도리어 그것이 전화위복이 된 것이라고 생각합니다. 우리집에서도 가까운 건국대를 택한 것입니다. 그 때 건국대로 온 것을 다행으로 생각합니다. 그러면서 지금은 그 분의 입장을 이해합니다.

외래 교수로 뛰는 분들은 대개가 2개 대 이상에서 강의를 맡고 있지만 방학 4개월이 무급이기 때문에 생활에 어려움을 겪고 있는 실정입니다. 그나마 학원에서 강의할 수 있는 과목은 경제적 문제는 해결할 수 있는 것으로 보였지만 학문에 대한 성취도에서 위축되는 것을 볼 수 있습니다.

요즈음 초 중 고등학교를 막론하고 교육개혁 바람이 불어서 고등학교도 학급당 35명으로 하여 교육의 질을 높이겠다고 하여 교실을 증축하기에 바쁘고, 교사 수용에 열을 올리고, 초등학교는 교사가 부족해서 야단법석을 하는 것을 보며 '이러다 이것이 언제쯤 또 교사가 넘쳐서 고민할까?'로 지레 걱정도 해봅니다.

우리나라 문교 정책은 초 중등학교도 문제지만, 사실은 대학이 더 문제이기도 합니다. 대학에도 눈을 돌려야 합니다. 교수평가제니 강의 평가제니 하여 교수들의 질을 높이고자 하면서도 대학 교육 환경은 열악한 편입니다. 그것도 학교에 따라 차이가 많은 것으로 보입니다.

교양과목인 경우 50명으로 제한한 강좌도 있지만 대개 70명-100명 내외의 학생들을 모아 놓고 때로는 2-3교시씩 연속 강의를 해야 하니 교수나 학생들이나 어려움이 있습니다. 아무리 머리 큰 대학생들이지만 배운다는 입장에서는 보다 어린 학생들이나 마찬가지입니다. 스스로 알아서 하는 학생도 있지만, 하지 않는 학생은 자기뿐 아니라 타인에게도 방해가 됩니다. 그래서 어떤 교수님들은 듣고 싶은 사람만 듣고 하기 싫은 사람은 출석에 관계없으니 나가도 좋다고도 한답니다. 교수가 많은 학생들을 관리하기란 어렵습니다. 한 강좌 학생수가 30여명만 된다면 대학 교육도 제대로 될 수 있을 것 같습니다. 그것은 금년부터 획기적으로 바뀐 '글쓰기와 프레젠테이션' 강좌에서 학생들이 만족해하는 것을 보아도 충분히 알 수 있습니다.

한 학기를 가르쳐도 학생들의 얼굴이나 이름도 제대로 모르는 것이 대학 교양 과목을 담당하는 교수의 입장입니다. 물론 앞쪽에 앉아서 열심히 듣는 학생들은 다 알 수 있지만 뒤쪽에 앉아서 모자라도 쓰고 고개를 푹 숙이고 앉아 있는 학생들은 서로가 모릅니다. 강의실 밖에서 만나도 교수는 몰라서 모르고, 학생은 알아도 '저 교수가 나를 모르려니' 생각하고 그냥 지나쳐 버립니다. 정작 교수가 교육의 주체인 학생들을 평가하는 기준은 과정이야 어떻든 결과인 학점이 전부입니다. 학점이란 상대적인 것입니다. 아무리 절대 평가를 한다 해도 상대적이 될 수밖에 없습니다. 얼마만큼 내실을 기할 수 있냐가 문제입니다.

대학 당국도 문제입니다. 전임교수보다 비전임 교수 초빙이 수적으로 늘가하는 것이 대학의 현실입니다. 고학력 시대에 맞추어 학위를 받아 나오는 사람은 많고 수용하는 대학 당국이나 연구소는 이에 못 따라가는 것이 현실적인 어려움입니다. 신문에서 본 통계 수치에 의하면 '60, 70 년대에 초.중등학교의 경우 과밀 학급당 학생수가 현재는 그 절반으로 줄어들었는데 반해 대학의 경우는 교수 1

인당 학생수가 두 배로 늘어났다'는 것입니다. .

마지막 유종의 미를 거두기 위해서는 대학 교육이 실은 제일 중요합니다. 고등학교 때까지 아무리 잘 했어도 대학에서 잘 못하면 그의 인생길은 어긋납니다. 반대로 고등학교까지는 좀 못했더라도 대학에서 열심히 잘하면 그의 앞길은 밝습니다. 잘 할 수 있는 그 여건을 대학에서 만들어 주어야 합니다.

몇 해 전이긴 합니다만 모 국립대 교수 상황을 보고 기가 막혔습니다. 신설 국립대도, 신설사립대도 아닌, 그것도 선망의 대상인 그 국립대에서?! 그것이 일부 학과이기는 하지만 그것이 우리나라를 대표하는 국립 대학교의 교육환경의 현실이라면, 다른 국립대학은 말해서 무엇하겠습니까?

우리 경제가 어느 선까지 좋아지면 한 강의실 학생수가 줄어들고 전임 교수 확보도 많아질까요? 그럴 때가 어서 왔으면 하는 바람입니다.

5) 대화, 그 소통의 미학

시대의 변화에 따라 교육의 내용도 그에 걸맞게 맞추어 나가는 것이 현재 대학 교양과목의 변화이며 의무인 것도 같습니다. 다른 교양과목도 다양화된 것을 봅니다만 우리 국어국문학과도 많은 변화를 했습니다. 기존의 필수 교양국어로서의 고전문학과 현대문학, 대학한문, 어문 외에 여러 과목이 개설되었습니다. 그 중에서 <대화의 기술>이란 과목이 있습니다.

교육은 가르치면서 배우는 것이 많습니다. 내가 강의하기 위해서 준비를 하다가 보면 많은 것을 알게 되고 깨닫게 됩니다. 새로 개설된 과목이라 관련된 몇 권의 책을 구입해서 읽으면서 '이런 과목이야말로 교양으로서 실생활에 바로 적용되고 꼭 필요한 것'이라는 것에 스스로 만족했습니다.

대화란 두 사람 이상이 일정한 목적을 가지고 새로운 지식이나 정보를 제공하거나 또는 설득하거나 사귀기 위하여 일정한 상황에서 상대에게 음성으로 표현하는 것입니다. 이러한 대화에는 화자가 있고, 청자가 있습니다. 이들은 대화를 통하여 서로의 생각과 느낌을 전달하고 이해하며 그 존재를 인식해 갑니다.

신(神)이 그 많은 창조물을 내었지만 오직 인간만이 만물의 영장으로서 언어를 가지고 문화를 이루어갑니다. 그래서 '인간은 언어와 더불어 비로소 사유(思惟)하는 존재'라고 칼・야스퍼스는 말했습니다. 언어와 사유는 인간만이 가진 특권입니다. 인간은 무형으로 내

재한 사유를 언어로써 <나>와 <너> <우리>의 관계를 형성하고 사회를 형성해 갑니다. 그리고 유형의 문자를 통하여 문화를 창조합니다.

인간은 홀로는 살 수 없는 사회적 동물이기에 우리의 삶 자체가 <나>와 <너> <우리>의 관계 속에서 살아가야 하고, 또 살아가기 마련입니다. 그러기에 우리는 누군가와 끊임없는 대화를 나누면서 살아갑니다. 때로는 주고받는 대화 속에서 본의 아니게 상처를 받기도 하고 상처를 주기도 합니다. 그러면서도 누군가와는 대화를 또 나누게 되고, 대화를 하게 됩니다.

대화는 우리의 생명과도 연관이 있습니다. 말할 수도 들을 수도 생각할 수도 없는 진공 상태에서는 인간은 살아갈 수가 없습니다. 진공상태의 머리에서는 뇌가 활동할 수가 없기 때문에 서서히 죽음에 이르기 마련임을 베르베르 베르나르는 그의 소설 <뇌>에서 진술하기도 합니다. 대화의 필요성을 일깨워 주는 또 다른 비유도 있습니다. 곧 홀로 무인도에 갇힌 사람이 개미와 대화를 나누는 것을 보아도 알 수 있습니다. 그런가 하면 애완동물을 기르면서 끊임없이 대화를 나누는 사람들을 보아도 대화의 필요성을 말해 주고 있습니다.

이렇듯 필요한 대화, <나>와 <너> <우리>의 관계 속에서 행해지는 대화에도 일정한 규칙이 있고, 방법이 있고, 그 원리가 있습니다. 이를 제대로 알고 대화를 나눈다면 우리의 대화에는 격이 있고 질이 있게 될 것이고 실수도 상처도 많이 줄어지게 될 것입니다.

대화에는 그 원리가 있습니다. 그것이 제대로 지켜지지 않거나 이루어지지 않으면 그 대화는 일방적으로 끝나거나, 다시 대화하고 싶은 마음을 멀리합니다.

첫째는 <협력의 원리>로 <나와 너 우리>의 관계가 먼저 형성되어야 합니다. 하나의 일을 협력해서 일구어 나가듯, 대화에도 사소한 일에서부터 큰일에 이르기까지 얘깃거리 곧 어떤 주제가 있습니다. 그 주제를 중심으로 서로 협력해서 긍정적으로 대화를 풀어가고 이어나가야 합니다. 곧 상대방이 말을 걸어오면 나에게 어떤 답을 해 주기를 원하는가 하고 그 마음을 읽어야 합니다. 친구 사이에서도 그냥 친하게 지나면서도 어떤 주제를 갖고 대화에 들어가면 뒤틀리는 사이가 있습니다. 이런 경우는 상대의 마음을 올바로 읽지 못하는 데서 어긋나는 것입니다. 그래서 대화에는 먼저 협력이 잘 이루어져야 합니다.

두 번째는 <양의 원리>로 대화의 양을 서로가 조절해야 합니다. 어느 한 사람이 독점을 하게 되면 다른 한 사람은 들어주기만 하는 입장에 있기 때문에 바람직한 대화의 장이 이루어지지 않습니다. 대화는 서로 주고받는 데서 서로를 알고 이해하고, 관계가 형성되고 친분을 갖게 되는 것이지요. 물론 때로는 들어주는 것이 더 중요할 때도 있습니다만 일반적인 대화에서는 화자와 청자의 대화의 비율을 6:4가 바람직한 것으로 봅니다.

세 번째는 <질의 원리>로 대화의 질적인 내용을 말합니다. 이것은 眞(참)과 僞(거짓)를 포함한 대화의 내용을 말할 수 있는데, 진실하고 긍정적이고 바람직한 대화가 서로의 관계를 상승시켜주고 호감을 갖게 합니다. 때로는 남의 험담이나 단점이 대화의 초점이 될 때도 있고 악의 없는 거짓말로 대화를 이어갈 경우도 있지만 이 때도 끝까지 부정적으로 끝날 것이 아니라 그것을 거울삼아 서로가 나를 돌아보고 긍정적인 면을 찾아서 다음 대화를 이어가야 합니다.

네 번째는 <적절성의 원리>입니다. 이것은 대상에 맞게 적절한 대화를 나누어야 합니다. 곧 상대의 학력, 직업, 관심, 취미에 따라 적절하게 하여야 대화가 이루어집니다. 곧 상대에 맞는 화제를 꺼내야 대화가 이어집니다. 그리고 상황에 맞는 적절한 말이 대화를 상승시켜 주고 행복한 시간을 공유하게 합니다.

다섯 번째는 <방법의 원리>로서 먼저 '말은 명확하게' 해야 합니다. 애매모호한 말은 상대에게 부담을 주고 때로는 오해를 불러일으킬 수도 있습니다. 그리고 대화할 때의 '태도는 겸손하게' 하는 것이 좋습니다. 이러한 태도는 상대를 배려하는 것일 뿐만 아니라 이것은 곧 자신에게 호감을 갖게 하고 친근감을 주는 것이기도 합니다. 상대나 경우에 따라 다를 수도 있지만 대개의 경우 일반적으로 '나를 낮추는 것이 곧 나를 드러내는 길'이기도 합니다.

이상의 방법을 잘 숙지하여 <나와 너 우리>가 함께 하는 성공적인 대화를 나눈다면 보다 밝은 우리가정, 보다 가까운 우리 이웃, 보다 밝은 우리 사회를 이룩하리라 봅니다.

6. 세월이 흘러도

아무리 세월이 흘러도
변하지 않는 것은 진리입니다.
이 진리는 어리석은 인생을 다스리는
규범이 되기도 합니다.
뇌물을 받고 줄줄이 구속되는 정치인을 보며
옛 글을 생각해 봅니다.
성경에 의하면
"너는 뇌물을 받지 말아라.
뇌물은 밝은 사람들의 눈을 어둡게 하고
정의로운 사람들의 마음을
굽게 하는 것이다". 라고 말합니다.

1) 타임머신을 보다가

TV프로 <타임머신>에서 전보의 오자 하나로 곧 '상경'이 '사망'으로 전송되어 곤욕을 치른 어떤 가족의 해프닝을 시청하다가, 그와는 다른 경우지만 지난 날 나의 경험이 생각났습니다.

몇 십 년 사이 세월은 많이 변했습니다. 나는 대학을 60년대에 다녔습니다. 그 때 미국에서 유학을 하고 돌아온 교수님들은 하나같이 미국의 생활상을 우리에게 얘기해 주었습니다. '집집마다 마이카와 TV, 냉장고, 전화가 있고, 차의 종류와 주택의 평수에 따라 富를 가름할 수 있다'고 했습니다. 그 때 우리는 신천지의 얘기로만 들렸습니다. 그런데 지금 우리는 그 때 들은 그 모든 것을 누리고 있지요. 아니 그 이상을 누리고 있습니다.

지금은 집에 있는 전화도 모자라 개인마다 핸드폰은 갖고 다니고 E-메일까지 사용하고 있습니다. 그런데 내가 대학 진학을 앞두었을 60년대는 전화가 귀했고 시외전화는 통화가 어려웠습니다. 그 때의 일을 지금도 나는 뚜렷이 기억하고 있습니다.

겨울 방학이 끝나고 개학이 되어 나는 근무지인 시골 학교로 내려갔습니다. 2월에 국가고사 합격자가 발표되었습니다. 지금은 학력고사 점수 발표지만 그 당시는 대입 국가고사 합격자 발표로 신문에도 났습니다. 그 당시는 물론 지금에 비하여 대학생 수가 적은 것도 적은 것이지만 그 해는 그전보다 대학 입학생 수를 제한했다는 것을 의미하기도 합니다. 내가 지방의 시골 초등학교에 근무하고 있었기 때문에 대구에 있는 모교로 가서 입학원서를 써서 서울로 접수시켜야 했습니다. 그런데 합격증이 나한테 오지 않았습니다. 그래서 서울 집에서 합격증을 나의 모교인 대구 사범학교로 직접 부친 줄 알고 대구로 내려갔습니다. 그런데 대구에 가도 담임선생님이 합격증이 오지 않았다 합니다. 그래서 그 날로 서울 집으로 왔더니 내가 있는 시골 학교로 부쳤다는 것입니다. 그렇게 합격증이 나와 상치되어 기일 내에 입학원서를 접수시키지 못했습니다.

나는 울며불며 야단법석을 치른 후 할 수 없이 시골로 내려갔습니다. 다음 해를 기약하고 다시 차근차근 공부할 생각으로 마음을 다짐했지요. 그렇게 얼마가 지난 후 집에서 전보가 왔습니다. '이대에 입학원서를 내었으니 빨리 상경하라'는 전보였습니다. 말인즉 그 해는 대학마다 1차 미달과가 많았습니다. 그래서 이화여대 기독교학과로 갔습니다. 미달 사태에 있는 그 많은 학과 중에서도 기독교학과의 커리큘럼이 좋다고 유학자이신 아버지께서 접수시켰답니다. 그래서 나는 내 뜻과는 무관하게 기독교학과에 가게 되었습니다.

그곳에서 나는 기독교 문학, 철학, 윤리, 신학, 교육, 심리학 등 새로운 학문에 접하면서 그 과목들을 좋아했고 열심히 했습니다. 그때는 대학의 이수학점이 160학점이었기 때문에 참으로 많은 것을 4년 동안 배웠습니다. 전공과목만 해도 지금보다 20학점은 훨씬 넘을 것입니다. 지금 내 국문학의 기초는 학부 때 기독교학과에서 배운 그 모든 것이 됩니다. 내 국문학 연구의 이론적 배경이 되는 미학이라든지(고산시가의 미학적 연구, 이대 교육대학원 석사논문, 75년도) 박사 학위 논문을 보완하여 책으로 나온 「한국시가의 아니마 연구」(96, 백문사, 98 한결)의 이론적 배경도 그 때 기독교학과에서 배운 것들이 원천이 됩니다. 나는 철학과 심리학 쪽을 좋아해서 방학 때는 학교 도

서관에 가서 읽고 싶은 책을 마음껏 읽었습니다.

지금 생각해보면 기한 넘긴 입학원서가 전화위복이 된 셈이지요. 첫째 믿음을 갖게 되어 결국은 사모가 되었고, 둘째 좋은 학문을 공부하게 되었고, 셋째 좋은 교수님들을 알게 되었다는 것입니다.

2) 주어진 나의 일(달란트)에 감사하며

몇 해 전 겨울 어느 날 한창 대학 입시가 시작될 즈음 전화 한 통이 내게 걸려 왔습니다. 전화의 주인공은 같은 대학 교수님이셨습니다. 내용인즉 '딸이 이대 기독교학과를 가겠다고 우기는데 선생님(필자)이 기독교학과 출신이니 상의하려고' 한다면서 나의 의견을 물어왔습니다. 나는 반색을 하며 학과 자랑을 줄줄이 늘어놓았습니다. 자랑스러운 동창들과 그 남편들로부터 이사장님, 총장님, 교수님들까지 그침 없이 외우면서 자랑을 했습니다. 그리고 내가 기독교학과에서 배운 모든 학문이 지금의 국문학을 하는데 이론적 기반이 되었다는 것까지 설명했지요. 그 교수님은 나의 의기양양한 답변을 듣고는 안심이 되는 듯 했습니다. 결국 그 딸은 지금 나의 까마득한 후배가 되어 입학하여 잘 다니고 있는 것으로 압니다. 입학했다는 소식을 듣고 나는 내가 갖고 있는 동창회지 『梨基』 창간호와 그 후 몇 권을 보내 주었지요. 동창회지는 교수들과 동창들의 활동과 소식란으로도 좋은 자료가 되지만 후배들에게는 선배들을 아는 좋은 길이기도 하지요. 기독교학과 30주년을 맞이하면서 창간호를 낼 때의 추억과 함께 또 한 번 동창회지를 낸 보람을 느끼기도 했습니다.

나는 이화(梨花)를 사랑합니다. 그리고 기독교학과를 더욱 아끼고 사랑합니다. 나는 재학 시절 기독교학과에서 배우는 모든 과목을 좋아했습니다. 신학은 신학대로 깊이가 있어서 좋았고, 기독교 철학은 철학이되 신학에 기반을 두어서 처음 접하는 학문이라 좋았고, 기독교 문학은 문학이되 하나님 찬양과 하나님 중심의 말씀이라 새로움을 주어 좋았으며, 기독교 교육은 교육학에 입각하되 예수의 생애와 교훈을 통하여 많은 것을 배웠고, 교회학교 교사를 하면서 사랑과 봉사의 정신도 길렀습니다. 학문을 하되 창조자 하나님을 중심으로 이루어지는 학문이기 때문에 내게는 새로운 학문을 배운다는 의미에서 신선감을 주었습니다. 이 모든 학문은 현재 내가 하는 국문학 연구의 이론적 배경으로 원용되고 있으며 나의 시의 세계에서도 한 몫을 차지합니다.

학위를 받은 후 이곳 충주로 내려와 남편이 교회를 설립하고 함께 새벽 제단을 쌓으면서 어느 날 서서히 신학 공부를 다시 해 보고 싶은 생각이 간절히 일어났습니다. 그래서 장신대학원에 전화를 했더니 연령 제한은 없다 했습니다. 꼭 갈려고 마음을 먹고 준비를 하고 있는데 그 사실을 알게 된 몇몇 집사님들이 '사모는 있는 듯 없는 듯 뒤에서 목사님을 보필하는 것이 보기에도 좋다' 면서 반대 의견을 내비쳤습니다. 그도 그럴 듯해서 마음을 돌리기는 했지만 신학이란 묘하고 묘한 듯 합니다. 하면 할수록 빠져들고 심오한 깊이가 있습니다. 그래서 나는 신학이야말로 내가 마지막으로 다시 해보고 싶은 학문이라고 생각합니다.

이렇게 좋아했고 좋아하는 신학(기독교학문)의 길에서 국문학으로 전과(轉科)를 하게 된 이유는 내가 결혼 후 대학원을 가면서부터입니다. 그 당시 기독교학과는 대학 강단에 서기 위해서는 적어도 외국에 가서 학위 하나쯤은 갖고 와야 빛을 볼 수 있다는 것을 알았습니다. 그런데 가정을 갖고 아이들도 있는 나로서는 내 꿈의 성취를 위하여 혼자 휑하니 외국 유학을 떠날 수가 없었습니다. 하지만 이곳에서 만이라도 열심히 공부하면 대학 강단에 설 수 있는 것이 바로 국문학이었습니다. 그리고 사실 나는 고등학교(대구사범)때 문예반에서 '시짓기'에 열심을 다했던 경험이 있고, 그 때 교우지 '사원(師苑)'편집위원으로서도 활동 경력을 가지고 있었습니다. 또 기독교 문학과 신학이 모든 문학의 바탕이 된다는 것을 알고 있었습니다. 이러한 이유로 해서 전과를 했고 국문과 교수님들도 나를 받아 주었습니다.

학부인 기독교학과에서 익힌 모든 학문은 지금 나의 전공인 국문학 연구의 이론적 배경의 근간이 되며 내 시 창작의 근원이 되기도 합니다. 그리고 지금 사모의 역할에서도 많은 도움을 줍니다. 그러기에 나는 항상 감사하는 마음으로 이화를 사랑하고 나의 학문의 길에서 기초를 닦아준 기독교학과를 사랑합니다. 내가 이렇게 기독교학과를 사랑했고 사랑하기 때문에 98년도 '올해의 이화인'으로 뽑힌 것이라고 생각합니다. 베푸는 자에게 더 많은 것으로 갚아 주심을 인생을 살아가면서 나이를 더해 가면서 깨닫게 됩니다.

나는 지금 내게 주어진 달란트에 감사하는 마음으로 열심히 하고 있습니다. 오늘의 내 모습을 내일의 내 모습으로 바라보며 오늘 하루 좋은 꿈을 가꾸어 갑니다.

3) 나의 친구 K -<월정사 高大生 폭우 사건>

'추억은 아름다운 것'이라 합니다. 힘겨웠던 지난 일들도 추억으로 다가오면 그 시절이 그립고 아름답게 느껴지기 때문이지요. 더구나 젊은 날의 추억은, 특히 학창시절의 추억은 누구에게나 아름답게 다가오기 마련입니다. 그런데 나에게는 그렇지 못한 한 가지가 있지요. 그 날의 일들이 생각날 때면 지금도 마음이 아려 옵니다.

내가 4학년 여름 방학 때입니다. 친구 K는 고대에 다녔습니다. 방학이 되면서 나는 이대보다는 고대가 우리 집에서 좀 더 가까운 이유도 해서 K의 학생증으로 고대 도서관을 다녔고, K는 '불교학생하기 수련'을 한다고 월정사로 떠났습니다.

K는 여학생 대표(회장)였습니다. 아마 아침 식사 후 일부 학생들이 계곡 건너편에 있는 암자로 기도를 하기 위해 갔나 봅니다. 낮에 갑작스런 폭우가 쏟아져서 돌아올 때는 계곡물이 엄청나게 불어났다고 합니다. 12명의 학생들은 젊은 혈기에 두려움도 없이 손에 손을 잡고 대각선으로 물살을 가르며 건너고 있었습니다. 순간 한 학생이 삐걱하고 넘어지면서 12명이 그대로 물살에 휩싸여 삽시간에 떠내려가 변을 당한 참사극이 벌어졌습니다. 친구 K도 그 때 죽었습니다. 신문 3면을 온통 가득 채운 그 날의 참사였습니다. K가 아침에 일어나 한 꿈 이야기가 신문에 실렸습니다. "극락으로 가는 아름다운 꿈을 꿨다"고 -.

너무나 놀라고 기가 막혔습니다. 월정사 향나무로 관을 짜서 마지막 가는 길을 연화로 밝혔습니다. 친구 B와 함께 나는 벽제 화장터로 난생 처음 갔습니다. 향나무관에 누워 빨간 불꽃속으로 들어간 시신은 얼마 후 하얀 뼈만 형상 그대로 남아서 나왔습니다. 그것을 보고 가족들과 함께 우리는 통곡했습니다. 뼈를 주섬주섬 추려서 절구방아로 찌어 하얀 상자곽에 넣어 주었습니다. 뼈를 추릴 때 어떤 남학생이 와서 뼈 한 개를 갖고 가 품에 안고 흐느끼며 우는 것을 보았습니다. 그 남학생은 끝까지 따라 다녔지요. 측은하다는 생각이 들기도 했고요.

B와 나는 K의 오빠와 함께 K의 자취방으로 갔습니다. 유품을 정리했지요. 책들은 몇 권씩 나누어 가졌지요. 그 때 유품으로 갖고 온 책 중에 <데카메론>은 아직도 내가 갖고 있습니다. 그 날 동생의 유품을 정리하면서 그 오빠는 동생에 대해 말했습니다. '초등학교 다닐 때는 1등만 했으니 자기가 최고인 줄 알고 커서 대통령이 되리라고 생각했고, 중학교에 다닐 때도 그 학교에서 1등을 했으니 별명도 박순천 의원(당시 야당 국회의원으로 말발이 센 분이셨다.)으로 불리어져 못돼도 국회의원은 되리라고 생각하다가, 고등학교는 밀양에서 대구로 나왔으니 조금 변하더랍니다. 그래서 고등학교 다닐 때는 대학 교수는 되리라고 생각했다가 대학에 들어와 보니 또 달라지더랍니다. 고등학교 선생이나 되었으면 -으로. 그 꿈이 변해가면서 마음의 방황이 있었던 것으로 말했습니다.

사실 K가 이런 말을 내게 했습니다. '그 자랑스러운 KS마크의 오빠가 국비로서 독일 유학을 마치고 귀국했을 때 그 좋은 직장과 그 좋은 학벌에 최고의 신부감을 택할 줄 알았는데 지방 신문사 사장 딸인 지방 여자대학 출신의 신부감과 결혼했을 때 적잖은 실망감을 나에게 말한 적이 있습니다. 그 당시 K가 생각하는 최고의 신부감이란 첫째 학벌을 따졌기 때문이지요. 그런데 그것이 아님을 알고 충격을 좀 받은 것입니다. 요즈음이야 평준화 평준화하여 너도나도 다 잘 났고, 잘하는 아이가 따돌림 받기 쉬운 세상이라지만 중학교부터 치열한 시험을 거치면서 올라간 그 시절에는 1류 2류 3류 .... 등의 학교 격차가 사람의 인격까지 좌우할 정도였으니까요.

그렇게 친구를 보내고 나는 오래도록 K를 잊지 못했습니다. 그러던 어느 날 밤 꿈에 K가 나타났습니다. 지금도 아주 생생하게 생각납니다. 어린 시절 나의 고향집이었어요. 마당에는 벼 타작 낟가리가 쌓여 있었고, 때는 저녁으로 어둑어둑했지요. K가 나를 부르며 나타났습니다. 순간 꿈에서도 '아니, K는 죽었는데 어떻게 여기에 왔지?'하는 의아심을 가졌습니다. K는 나를 보고 슬픈 표정으로 말했지요. 뒷산을 가리키며 "나 저기서 왔는데 밤이 추어서 왔어 정자야, 너랑 같이 가자"했습니다. 순간 나는 '따라가서는 안 된다'는 생각과 함께 기지를 발휘해서 "방에 가서 옷 갈아입고 나올게 기다려" 하고 그 자리를 피했습니다. 그리고 잠에서 깨었습니다.

그 후 나는 K를 생각하지 않기로 했고 내가 갖고 있던 K의 유품을 모두 불살랐습니다. 학생증이랑 책까지 ... <데카메론>은 그 때 누구를 빌려 주었기 때문에 아직 내게 있는 것입니다.

그런 꿈 사건 후 나도 K를 잊어버리려고 했고 지금까지 꿈을 꾸지 않았습니다. 그 뒤, 그 때 죽은 12명 중 한 남자의 친구로부터 내게 영혼 결혼을 시켜 주자고 청혼이 들어왔습니다. 나는 그 부모들에게 연락도 안 했고, K의 성격을 알기 때문에 영혼 결혼을 주선하지도 않았습니다.

그리고 세월과 함께 잊고 있었습니다. 그런데 몇 년 전에 내가 어떤 모임의 일을 볼 때의 일입니다. 같은 임원 중에 고대 출신이 있었습니다. 이런 저런 학교 이야기 끝에 <월정사 고대생 폭우 사건> 이야기가 나왔습니다. 그 때 그 인솔 교수는 그 뒤 12명의 학생을 잃어버린 그 죄책감에서 벗어나지 못하고 시름시름 앓다가 돌아가셨다는 얘기를 듣고 또 한 번 그 때가 기억되어 마음이 아팠습니다.

12명의 고귀한 생명을 한꺼번에 잃게 한 <월정사 高大生 폭우 사건>은 세월이 아무리 지나가도 그 때를 기억하고 그 사건과 관련 있는 사람들에게는 가슴 아픈 추억입니다.

4) 그 때는 그랬지 -교권 침해를 보며

산업의 발달과 자본주의 체제의 물질만능주의가 팽배해지면서 상대적 빈곤을 운운하는 현대사회는 富(부)가 단연 힘을 갖고 너와 나 우리의 관계를 저울질합니다.

나는 교직을 사랑했고, 지금도 사랑합니다. 그리고 가르치는 직업을 좋아합니다. 그런데 어느 때부터인지 서서히 교사 경시 풍조가 나타나는 것을 보면서 안타까운 마음이 들 때가 많습니다. 그러면서 지난 날 나의 교직 생활을 떠올리기도 합니다.

필자는 사범학교(교육대학 전신)를 졸업하고 20살의 나이에 초등학교 교사를 한 적이 있습니다. 그 시절(60년대)은 여교사도 귀했고, 특히 시골학교는 20-30%도 안 되는 경우가 있었지요. 그리고 교사에 대한 사회적 인지도도 높았고, 학생이나 학부모나 교사를 존중할 줄도 알았고요. 그래서 필자는 그 때의 추억을 되살리곤 합니다.

나의 자취방은 동산을 끼고 있는 동향의 아늑한 방이었지요. 미닫이를 사이에 두고 두 개가 나란히 있어 생활하기에 편해서 아주 좋았습니다. 윗방은 자취에 필요한 자질구레한 살림살이부터 이부자리까지 다 두었고, 거처하는 방에는 책상과 책만 두니 깨끗해서 좋았지요. 내 방에서 바로 보이는 동산에는 커다란 노송이 한 그루 있었고, 달이 뜰 때면 노송에 걸려 있는 달그림자를 보고도 시각을 알 수 있었으며, 노송을 지나가는 달을 보고도 시간의 흐름을 알 수 있었지요. 아침이면 햇살이 창문을 밝혀주어 아침잠을 일찍 깨워 주고 동산에서는 참새들이 일찍부터 노래를 불러주어 생기가 넘치는 아침을 맞이했지요.

자취생활이란 것은 귀찮은 면도 있지만 완전한 자유가 주어져 매력적이기도 합니다. 적어도 하숙집에서 맛볼 수 없는 장점을 누릴 수 있다는 것이지요. 내가 먹고 싶은 것을 내 맘대로 나의 입에 맞게 해 먹을 수도 있고, 자유자재로 시간을 활용하고, 조절할 수도 있고, 친구가 자유로 드나들 수도 있고, 자유로 얘기를 나눌 수도 있어서 좋습니다. 또 밤을 새울 수도 있고, 늦잠을 잘 수도 있지요.

자취생활인데도 선생님들이 <집들이>를 하라고 해서 모두 초대했습니다. 교장을 포함해서 교사가 모두 13명인 시골 학교였지요. 여교사는 그 해 발령 받은 신임교사 3명뿐이었고요. <집들이>라고 해봤자 한 끼 밥을 나누어 먹는 것이 고작인 시대였지요. 가사 시간에 실습한 오무라이스를 나와 같이 발령 받은 친구와 함께 정성껏 마련했지요. 모두가 신출래기 처녀선생들이 한 식사에 기대를 가지고 칭찬을 하며 맛있게들 먹기 시작했습니다. 그런데 '우지직!' 교장선생님이 돌을 그만 씹으셨습니다. 쌀을 잘 인다고 일었는데 돌이 들어간 것이지요. 그 뒤 또 돌을 씹은 선생님들이 속출했지요. 요즈음은 돌을 다 가려서 나오지만 그 때는 쌀에 돌이 많았습니다. 그 때 교감 선생님이 무안해 하는 우리들을 위로라도 하듯 "가면서 바람에 날아가지 말라고 돌을 넣었다"고 해서 한 바탕 웃음으로 넘겼습니다만 정말 난처했습니다. 밥을 안치기는 내 친구가 했는데 그런 상황에서 친구가 했다고 말할 수도 없고, 또 나를 도와준 친구에게도 무어라 말할 수도 없어서 그대로 내가 안았고, 그 뒤 아무도 그 얘기를 꺼내는 사람은 없었지만 얼마동안 그 돌밥으로 인해 내 마음은 개운치가 않았습니다.

내가 자취생활을 하니까 그 동네에 있는 고학년 아이들이 가끔 들리곤 했습니다. 여자아이들 보다 남자아이들이 몇몇이 모여서 잘 왔습니다. 특히 학교에 갈 때는 줄을 지어 나와 함께 잘 갔지요. 도시 아이들이야 담임이 아니면 인사도 잘 안 하지만 그 시절 시골 아이들은 그렇지 않았습니다. 문 밖에서 기다렸다가 같이 가곤 했지요. 그만큼 아이들이 순수하고, 교사를 따랐고 좋아했습니다. 자기네 동네에 선생님이 산다는 그 자체만이라도 자랑스러웠던 것이지요. 10여분 되는 학교 길을 걸어오면서 아이들은 이런 저런 얘기를 나에게 해주었습니다. 집에서 일어난 일에서부터 동네일이며 심지어 선생님들이 퇴근 후에 하는 일까지 들려주었지요. 그래서 그들의 얘기를 듣다보면 학교에 도착하지요.

아이들은 집에서 특이한 음식을 했다든가 자기들이 맛있는 반찬이라고 생각되는 것은 자취하는 나를 위해서 잘 갖다 주었습니다. 그래서 반찬을 내가 준비하지 않고도 밥만해서 먹을 때가 꽤 많았지요. 그것은 아이들뿐 아니라 선생을 대접하는 부모님들의 마음이기도 했지요. 주인집에서도 마음을 많이 써 주었고요. 푸근한 인심이었지요. 나중에 안 사실이었지만 동네 어른들이 나를 보고 '진짜 서울 양반'이라고 했답니다. 그 이유는 내가 어른들 앞을 지날 때 항상 고개를 숙이고 가더랍니다. 사실은 그 때 나는 눈이 근시이면서도 안경을 끼지 않았습니다. 수업시간에만 끼었지요. 그러니 멀리 있는 사람을 볼 수가 없어서 아예 머리를 숙이고 다녔지요. 그것이 시골 어른들에게 좋은 인상을 준 것입니다. 그리고 그 동네가 반촌이라는 것을 나중에 알 수 있었고요.

내 교사 생활의 첫걸음, 잊을 수 없는, 아니 잊혀지지 않는 초임지에서의 추억의 한 자락은 또 있습니다.

어느 날 저녁이었습니다. 자리를 깔아 놓고 책을 보고 있는데 밖에서 아이들의 웅성거리는 소리가 들렸습니다. 그리고 나를 불렀습니다. "선생님요-" "누구니?" "오규라요" 오규라는 아이는 우리반 아이가 아니라 그 때 5학년이었는데 그 동네에 살았습니다. 내가 출근할 시간이면 아이들과 모여서 함께 학교로 가는 학생 중 하나입니다. 그래서 다른 반 아이지만 그 동네 아이들 이름을 거의 알고 있지요. 밤늦은 시간인데 놀러온 줄 알고 시간이 늦었으니 다음에 오고 집에 가서 자라고 했습니다. 그래도 가지 않고 저희들끼리 수군수군 하는 소리가 또 들렸습니다. 다시 나는 말했지요. "시간이 늦었지. 오늘은 가고 다음에 와 -. 내일 학교에 가야지. 가서 자야지. 가라 -"라고 재차 말했습니다. 그래도 가지 않는 눈치였습니다. 그 다음은 나도 모르는 척 가만히 있었지요.

시간이 조금 흘렀습니다. 소곤거리는 소리가 다시 들리더니 " 선생님요, 문 좀 열어봐요 -" 했습니다. 나는 귀찮은 듯이 '가라니까 그러네-' 하면서 펴놓은 이부자리를 대강 개어서 윗방에다 갖다 놓고 문을 열었습니다. 한 7명의 남자아이들이 그 겨울밤에 와 있었습니다. 무엇을 내 놓으면서 오규가 말했습니다. "집에서 떡을 했어예, 따뜻할 때 선생님 잡수라고 갖고 왔어예-" 하는 것이었습니다. 따끈따끈한 것이 나의 손으로 넘어왔습니다. "선생님 밤늦게 와서 죄송합니다예 -"하고 부리나케 그들은 갔습니다. 들어오라는 말한 마디 할 여유도 없이 그들은 사라졌습니다. 방에 들어와서 펴 보니 김이 무럭무럭 나는 방금 한 호박떡이었습니다.

늦은 시간 조촐한 참에 얼마나 맛있게 먹어본 호박떡인지 나는 그때를 잊지 못합니다. 그 때 그들의 순수한 마음을 나는 지금도 귀하게 생각합니다. 나는 아이들이나 학부모들이나 선생님을 존경할 줄 알고 귀한 직업으로 생각해 주던 그 시절이 있었음에 교직에 대한 자부심을 갖고 자랑스럽게 생각합니다. 이러한 적은 마음 하나하나가 뭉쳐서 나에게는 크게 다가와 내가 대학에 진학하고도 그 시절을 많이 그리워하게 했던 것입니다.

특히 작금에 와서 교사 경시 풍조를 보면서 안타까운 마음과 함께 그 시절이 더욱 그립습니다. 지금도 그 옛날 순수하고 아름다웠던 첫 교직 생활에서의 추억이 생각날 때면 "그 때가 참 좋았다"고 말하곤 합니다. 교사를 지극히 따라주는 학생들이 있었고, 교사를 지극히 존경해 맞아 수는 학부형과 동네 어른들이 있었고, 서로 존경해 주는 동료교사들이 있었습니다. 그리고 당당한 교사의 길을 걷도록 바르게 가르치고 사랑으로 지도해 주신 선생님들이 계셨습니다.

지금은 내가 대학에 있지만, 대학을 갓 졸업하고 내가 교직을 다시 택한 이유도 초임지에서의 그 아름다운 추억과, 그 옛날 사범학교 시절 선생님들께서 우리 학생들을 자랑스럽게 생각하고, 우리의 인격을 존중해 주었으며 우리를 미래의 선생님으로 잘 가르치고 지도해 주셨기 때문입니다. 그러기에 교직을 사랑하고 자랑스럽게 생각했고, 생각합니다. 나는 그 때 그 선생님들을 존경합니다. 그리고 나를 되돌아봅니다.

5) 세월은 흘러도

아무리 세월이 흘러도 변하지 않는 것은 진리입니다. 이 진리는 어리석은 인생을 다스리는 규범이 되기도 합니다.

뇌물을 받고 줄줄이 구속되는 정치인을 보며 옛 글을 생각해 봅니다. 성경에 의하면 "너는 뇌물을 받지 말아라. 뇌물은 밝은 사람들의 눈을 어둡게 하고 정의로운 사람들의 마음을 굽게 하는 것이다". 라고 말합니다. 이것은 3500년 전에 주어진 진리입니다.

먼저 뇌물은 밝은 자의 눈을 어둡게 한다고 했습니다. 밝은 자란 어떠한 사람입니까? 사리에 밝은 사람입니다. 그렇게 사리에 밝은 사람도 뇌물을 받고 나면 눈이 어두워진다는 것이지요. 눈이 어두워졌으니 사물을 어떻게 분간하겠습니까? 그것이 좋은 것인지 나쁜 것인지 흑인지 백인지 구별을 못할 것은 뻔한 일입니다.

또 뇌물은 의로운 자의 마음을 굽게 한다고 했습니다. 생각해 보십시오. 마음이 굽으면 올바른 판단을 어떻게 하겠습니까? 이렇게 뇌물은 판단을 흐리게 하고 마비시키는 무서운 독소라는 것입니다. 한 번 감염되면 끝 가는 줄을 모르고 달려가지요. 그러다가 결국 쇠고랑을 차야만 정신 차립니다. 쇠고랑을 차고도 정신 못 차리는 사람도 있습니다. 자기변명과 구실로 합리화시키는 것이지요.

명심보감에도 이와 유사한 말이 있습니다. '無故而得千金(무고이득천금) 不有大福(불유대복) 必有大禍(필유대화) - 아무까닭 없이 천금을 얻었으면 그것은 큰 복이 아니라 큰 화이다' 라 했습니다. 대가성 없는 돈이란 말을 합니다. 그래서 무죄라고 합니다. 대가성 없는 돈은 무슨 돈일까요? 왜 주었을까요? 또 정치자금은 뇌물이 아니라고 면죄부를 받습니다. '이 세상에 공짜가 없다'란 말이 예부터 그냥 흘러나온 말이겠습니까? '오는 것이 있으면 가는 것이 있고, 가는 것이 있으면 오는 것이 있다'고 합니다. 그 말이 맞습니다. 그것이 人之常情(인지상정)입니다. 곧 인간이 살아가는 방편이고 도리이며 정리입니다.

그렇게 줄줄이 붙들려 들어가도 비리는 끊임없이 터지는 것을 보면 인간은 참 미련하고 어리석은 존재인 것 같습니다. 공자는 '三人行 必有我師焉 세 사람이 함께 길을 가도 그 중에 나의 스승이 있다'고 했는데, 줄줄이 들어가는 것을 보고도 깨우치지 못하니 한심한 사람들입니다. 그러한 사람들이 공직에 있고, 있으니 부정부패가 독버섯처럼 번져 나가고 이 나라가 IMF까지 이르렀을 것입니다 내 돈이 아니라 남의 것이면 쉽게 쓰고 낭비합니다.

지난 한보 사건의 청문회에서 대통령 아들이 나왔을 때의 일입니다. 택시를 탔습니다. 기사 양반은 나를 한 번 힐끔 거울 안으로 살피더니 입을 열었습니다. 대통령 아들에 대한 이야기가 터져 나왔습니다. 그것도 격한 어조로 말입니다. '학생 신분인 대통령 아들이 하루 300여만원 하는 호텔 방을 공부방으로 쓴다니 말이나 되냐'는 것입니다. 그 말을 듣고도 필자가 말을 안 하니까 그 택시 기사는 더 열이 오르는지 한 마디 더 붙였습니다. "기업의 경제는 망가지는 것도 모르고, 호텔 방이나 쓰는 얼빠진 아들을 둔 대통령이 더 한심하다"고 했습니다. 그런데도 가끔씩 그 아들 얘기가 신문에 보도됩니다. '전직 대통령 아들이라는 것을 등에 업고 고향에서 국회로 오는 길을 밟을 것'이라고 -. 필자의 입장에서는 이해 못할 일입니다.

거기에 사는 사람들은 그래도 뽑아줄까요? 귀도 없고 눈도 없을까요? 아무리 고향 사람이라지만 ....하기야 조선 왕조 500년 역사를 보아도 황희 정승 같은 청백리도 있지만 자기들만 배불린 세도 정치는 왕실까지 약화시켰으니 말입니다. 이제는 좀 똑 바로 보고 뽑고, 똑 바로 보고 정치를 했으면 좋겠습니다.

그런데 또 이게 무슨 날벼락입니까? 바로 앞 대통령 아들이 그렇게 당한 것을 똑똑히 보고도, 한 술 더 떠서 아들들마다 '게이트, 게이트' 사건에 연루되었으니 국민들은 사실 입조차 열기 싫습니다. 그것의 표출이 6월 지방 선거의 결과라는 것만 아시면 됩니다.

앞에서 떠드는 사람들 보다 묵묵히 지켜보며 자기 일에 충실한 다수국민의 마음을 읽을 줄 아는 지혜로운 지도자가 되기를, 그리고 그러한 지도자가 나오기를 국민들은 바랍니다. 그래서 신선한 인물, 뭔가 기존 정치인과는 다를 것 같은 새로운 인물로서 선택한 것이 참여정부 탄생이라고 봅니다.

그런데 이게 또 무슨 날벼락 같은 '바다 이야기'입니까? 슬로머신 사건보다 한 수 더 앞서가네요. 그것도 서민들을 울리다니, 더구나 시골까지 점령했다니 ... 양극화 해소는 커녕 민심은 더욱 어수선합니다. 마약과 같은 사행성 오락을 막아야할 정부가 앞장서서 허락해 주었으니 지도자로서의 지혜는 고사하고 그렇게도 생각이 부족한 사람들인가 싶습니다.

거기에는 또 먹히고 먹는 뇌물로 줄줄이 쇠고랑으로 이어가니 뇌물에 대한 진리는 세월이 흘러도 새기고 새길 진리입니다. "너는 뇌물을 받지 말아라. 뇌물은 밝은 사람들의 눈을 어둡게 하고 정의로운 사람들의 마음을 굽게 하는 것이다"

7. 부부는 함께 하는 동반자

이혼율 33%, 주위에서
흔들리는 가정을 보면서
노계 박인로(1561-1642)의
<五倫歌(오륜가)>를 통하여
옛 어른들의 지혜로운 삶을
새겨보고자 합니다.

1) 부부는 생민의 시초

① 부부가 있은 후에 父子(부자)와 형제가 생겼으니
부부가 아니었으면 오륜이 있을 소냐
이에서 백성이 나왔으니 부부가 중대하여라

①에서는 부부가 있음으로 해서 父子(부자)도 형제도 가정도 생겼고, 가정은 生民(생민, 국민)의 시초가 되므로 중대하다고 밝혀 부부는 오륜의 근본이 된다고 했습니다.

사실 부부는 생민 곧 백성의 시초가 됩니다. 우리의 단군 신화는 그것을 증명해 줍니다. 비록 웅녀일망정 환웅과의 사이에서 단군을 낳아 단군은 조선인의 시조가 된 것이고 우리는 단군의 후손입니다. 인류의 시조인 아담도 그 아내 하와와 더불어 그 자손이 번성했습니다. 하나님은 이들에게 생육하고 번성하여 땅에 충만하고 땅을 정복하여 만물을 다스리라고 했습니다. 이로 인해 인간은 만물의 영장이 되었고, 하나님이 만든 모든 피조물을 다스리는 능력을 갖게 되었습니다. 이를 볼 때 부부는 생민(민족)의 시초인 동시에 인류의 시조가 되고 그 시초이기도 합니다. 그것은 가정의 핵이 되고 가정의 중심이 되어 한 가정을 이루게 되지요. 그리고 사회가 형성되고 국가가 세워지고 ......

2) 부부는 하늘이 정한 짝

② 사람을 내실 때에 부부 함께 내셨으니
하늘이 정한 배필 부부같이 중할소냐
백년을 하루 아침 같이 금슬화목 할지어라

②에서 부부는 하늘이 정해준 짝이라고 했습니다. 성경 창세기 1장에 의하면 "하나님이 천지를 다 창조하시고 6일 째 되던 날 하나님이 창조한 이 모든 만물을 다스리고 하나님께서 영광을 받으시기 위해서 자기의 형상대로 흙을 빚어 아담을 만들고 혼자 있는 것이 적적함으로 그 갈비뼈 하나를 택하여 하와를 만들었다고 나옵니다. 그래서 이들은 그야말로 하나님이 정해준 '천생연분'입니다. 하와는 아담의 뼈 중의 뼈가 된 것입니다. 이로 보면 부부는 하늘이 정해준 배필임에는 틀림없습니다. 하늘이 정해준 뜻을 인간이 저버리는데서 가정은 흔들립니다.

오늘날 많은 가정들이 흔들리는 것은 부부가 된 것이 하늘의 뜻임을 깨닫지 못하는데서 일어납니다. 진정 '나의 반쪽'이라고 생각한다면 내 몸을 아끼고 사랑하듯 서로가 서로를 사랑해야 합니다. 두 사람이 함께 모든 어려움도 참고 이겨내야겠지요.

잘 아는 어떤 젊은 엄마에게 물었습니다. "요즈음은 옛날같이 보지도 않고 또 사귀지도 않고 결혼한 것도 아닌데 왜 그렇게 이혼율이 많을까?"라고 했더니 곧 바로 "참을성이 없어서 그렇지요"했습니다. 그러기에 "그럼 얘기 엄마는 안 싸웠느냐?"고 했더니 "왜요!-,

결혼초에 많이 싸웠어요”했습니다. 그래서 필자가 “결혼 초에 보통 많이 싸우는 것 같은데 자존심 싸움 아니냐?”고 했더니 “부부간에 자존심 세워보았자 서로가 손해지요” 했습니다. 그 얘기 엄마는 아직 30대 초반이고, 큰 아이가 6살이니 결혼생활은 이제 7-8년 되어 보이는데 인생을 더 많이 산 사람보다도 더 확실하게 부부관을 말했습니다.

사실 그렇습니다. 옛날 같이 서로 대면도 안하고 결혼한 것도 아니고, 서로 사귀고 대화도 많이 하고 상대를 알고, 상대 집안도 알고 결혼했으면 자기의 행동에 책임을 져야 하는데 그것이 부족한 것 같습니다. 모든 책임을 상대방의 잘못으로 돌리는데도 문제가 있습니다.

필자의 주위에 최근 이혼한 신혼 부부가 있습니다. 결혼 1년 반만에 아기도 없이 헤어졌습니다. 그들 양가 부모님의 말을 들어보면 서로가 상대방을 비방하고 자기들이 옳습니다. 이쪽 말을 들어보면 이쪽이 옳고 저쪽 말을 들어보면 저쪽이 옳지요. 그러니 결국은 똑같다고 해야겠지요. 어떤 경우는 당사자들보다 부모들이 더 극성스럽게 이혼을 부추기기도 합니다.

필자가 신혼 때 TV유명인사 대담에서 들은 얘기입니다. 사회자가 “평생을 사시면서 젊은 부부들에게 하실 말씀은?" 하고 청했습니다. 그 때 그 분들은 말했습니다 “그저 참는 거지요, 참고 또 참고 살면 좋은 날도 온다오” 했습니다. 지금 필자도 이 말을 요즈음 젊은 사람들에게 하고 싶을 뿐입니다. 남과 남이 만나서, 그것도 각자가 다른 환경에서 자라서 일평생을 같이 산다는 것이 그리 쉬운 일은 아니라고 봅니다. 서로가 이해하고, 양보하고, 인내할 것은 인내하고 살아야겠지요.

부부는 하늘이 정해준 배필이라 합니다. 우연이 아니라 필연으로 만나는 것이라고요. 하늘이 정해준 소중한 만남임을 인정하고 서로 아껴주고 먼저 베풀어주는 마음이 필요한 것 같습니다. 상대가 부족한 점은 서로가 채워가면서 살아가야겠지요. 상대의 단점만 보이면 함께 살기가 어렵지요. 단점이 보일 때면 나의 단점으로 덮어두고 장점이 보일 때는 나의 장점으로 더하여 가며 살아야지요. 그러다 보면 서로 닮아가면서 친구가 되고 함께 늙어갑니다.

부부가 서로 화합하는데서 가정은 평화롭고 모든 일은 저절로 이루어짐을 알 수 있지요. 家和萬事成(가화만사성)이란 말을 살아가면서 실감하게 됩니다. 또 참는 자에게 복이 있다고 하지요. 다 그저 생겨난 말이 아님을 살아가면서 깨닫게 됩니다. 서로가 참고 또 참고 사는 것이 부부랍니다.

3) 부부는 서로 공경해야

③ 부부가 중하다고 情(정)만 중하게 여길 건가
예의 없이 거처하며 공경 없이 좋을 것인가
한 평생 손님 대하듯 삼가며 사랑하라(기결 같이 하여라)

③에서는 부부간의 정분을 중하게 여김과 더불어 예의를 지키고 공경할 것을 중국고사를 인용하여 노래했습니다. 중국 춘추시대 사람인 각결은 冀(기)땅에서 살았는데 그 아내를 대하기를 손님 대하듯 예의를 갖추어 대했답니다. 그 언행의 아름다움이 文公(문공)에게 전해져 문공은 그를 불러 버슬을 주었고 땅을 食邑(식읍)으로 주있습니다. 이 때 그곳 사람들이 그가 冀(기)땅에서 왔다고 해서 冀缺(기결)이라 불렀습니다. 그래서 본 노래에서 남편이 아내를 대하기를 冀缺(기결)같이 하라고 했습니다. 이 말은 곧 부부는 서로 예의를 갖추고 공경하라는 것입니다.

이 노래는 오늘을 사는 우리들도 새겨 보아야할 문제입니다. 남녀평등을 부르짖는 오늘의 젊은이들은 사랑만 구가하는 경향이 짙습니다. 부부는 사랑만으로 이루어질 수는 없습니다. 부부는 사랑도 중요하지만 함께 살아가면서, 또 나이를 더해가면서 서로 존경하는 마음이 있어야 합니다. 그리고 서로에 대한 예의도 갖추어야 합니다.

오늘날 많은 가정들이 어려움을 겪고 자녀의 교육에 문제가 생기는 것은 가만히 들여다보면 부모(부부)에게 문제가 있음을 봅니다. 부부가 서로 사랑하고 공경하고 이해하는 가정은 화목합니다. 이러한 화목한 가정에서는 아이들은 자연적으로 바르게 자랍니다. 부부는 '사랑으로 시작해서 정이 나고 존경하는 마음이 생기고 이해하며 한 평생을 살아갑니다.' 위의 시는 오늘날 '부부윤리 정립'에도 다시 새겨 보아야 할 것입니다.

4) 사랑으로 화합

④ 부부가 생겨날 때 중하게 여겼으니
아내가 남편 따름이 집안의 평화로다
날마다 남편 공경하기를 사랑으로(맹광처럼) 하여라

④에서는 아내가 지켜야할 도리에 대하여 맹광 같이 하라고 했습니다. 後漢書(후한서) 逸民傳(일민전)에 의하면 맹광은 남편을 잘 받드는 어진 여인으로 기록되어 있습니다. ③에서는 남편이 지켜야 할 도리를 말하고 ④에서는 아내의 도리를 말하여 어느 하나에 치우치지 않고 부부 모두에게 동등한 교훈을 주었습니다. 곧 부부는 서로 사랑으로 화합해야 됩니다.

유교 문화로 채워진 약 400년 전의 노래이지만 그 사상은 남녀평등 의식을 고취한 내용입니다. 그렇습니다. 부부는 동등한 위치이고 수평관계이며 함께 살아가는 동반자로서 서로 사랑으로 화합해야 합니다.

5) 부부 화합이 만복의 근원

⑤ 남으로 생긴 것이 부부같이 중할 건가
사람의 모든 복이 부부에 갖췄거늘
이렇게 중한 사이를 和睦(화목) 않고 어찌하리

⑤에서는 부부간의 화목이 만복의 근원임을 노래했습니다. 家和萬事成(가화만사성)이란 말이 있듯이 가정의 화목은 부부화목에서부터 시작됩니다. 오늘 날 청소년 문제가 많이 일어나고 있는 것도 근본적인 문제는 가정적인 문제와 관계됨을 볼 수 있지요. 화목하고 사랑이 넘치는 가정에서는 그 자녀들이 올바르게 자라기 마련입니다. 반면에 부부간에 문제가 있는 가정에서는 대개 문제 자녀가 있기 마련이지요.

부부는 하늘이 정해준 짝이라 했습니다. 서로 존경하고 사랑하고 화합하여 가정을 일구어 나간다면 家和萬事成(가화만사성)이란 말 그대로 모든 것은 잘 이루어 나갈 것입니다.

이렇게 옛 노래를 읽고 감상해보면 그 속에서 오늘을 사는 현대인의 부부상도 재조명해 볼 수 있습니다.

주역에 의하면 모든 만물은 음과 양으로 이루어집니다. 예를 들면 해가 양이면 달은 음이고 불이 양이면 물은 음이며, 남자가 양이면 여자는 음입니다. 양과 음 그 하나만으로는 생성이 불가능합니다. 음과 양이 합하여 생명이 있는 모든 것이 생성되듯 음과 양으로 인하여 이 우주도 존재합니다. 음과 양 중에 어느 하나가 더 중요하고

안하고가 없습니다. 똑 같이 귀중합니다.

하늘은 추상의 우주 공간입니다. 반면에 땅은 구체적인 지상 공간입니다. 하늘은 비를 내리고 이슬을 내려 땅을 기름지게 합니다. 그 하늘의 비는 지상의 물이 수증기로 공중에 올라가서 구름이 되고 비가 됩니다. 지상의 물이 없으면 하늘의 비도 없습니다. 마찬가지로 하늘에서 비를 내려 주지 않으면 땅도 마르게 마련입니다. 그러므로 하늘의 일과 땅의 일은 서로 상관관계를 가지면서 그 역할이 다를 뿐 똑 같이 소중합니다. 이것이 부부의 관계입니다.

남편은 하늘이라 하면 음양 관계로 볼 때 하늘이지, 하늘을 바라보듯 우러러 바라보라는 것이 아닙니다. 하늘이 땅에 비와 이슬을 내려주어 땅을 기름지게 하듯이 가정에서의 역할을 말하는 것입니다. 땅의 역할도 마찬가지입니다. 하늘의 비와 이슬을 받아서 땅을 기름지게 잘 가꾸어 나갈 의무를 가집니다. 그것이 가정에서의 아내의 역할입니다. 그러므로 남편과 아내는 그 역할이 다를 뿐 동등한 위치입니다. 옛날 사대부 가정에서는 부부가 서로 경어를 썼습니다. 왕궁에서도 마찬가지입니다. 부부는 서로가 존중해야 하고, 서로가 말도 삼가야 합니다.

그 옛날 노계의 노래도 남녀의 동등성, 부부의 평등성을 말했습니다. 부부는 생민의 시초이며 하늘이 정해준 것이고, 서로 존경하고 공경하며 서로의 뜻을 잘 따라 사랑으로 화합하면 만복이 그 가운데 있음을 말하고 있습니다.

8. 마음의 쉼표

똑 같은 대상을 두고도
보는 사람의 관점에 따라
보는 사람의 시각에 따라
천차만별로 나누어집니다.
그래서 행・불행도 마음먹기에
달렸다는 말이 있습니다.

사실 그렇습니다.
같은 일을 두고도
긍정적으로 생각하는 사람과
부정적으로 생각하는 사람의 차이는
엄청 차이가 있습니다.

1) 마음의 색깔

'우리의 마음에 빛이 있다면 여름엔 여름엔 파랄거에요, 산과 들도 모두가 파라니까요 ……'라는 동요가 생각납니다. 과연 우리의 마음에 빛이 있을까요? 있다고 생각하는 사람에게는 있을 테고, 없다고 생각하는 사람에게는 그 빛이 없을 것입니다. 마음은 그 생각에 따라 변하고, 그 생각에 따라 정해지기 때문입니다. 그야말로 생각하기 나름입니다.

똑 같은 대상을 두고도 보는 사람의 관점에 따라 보는 사람의 시각에 따라 천차만별로 나누어지니 말입니다. 그래서 행·불행도 마음먹기에 달렸다는 말이 있습니다. 사실 그렇습니다. 같은 일을 두고도 긍정적으로 생각하는 사람과 부정적으로 생각하는 사람의 차이는 엄청 차이가 있습니다.

어떤 어머니가 두 아들을 두었는데 큰아들은 우산 장사를 했고, 작은 아들은 나막신 장사를 했지요. 이 어머니는 항상 근심 속에서 헤어나지 못했습니다. 비가 오면 작은 아들 걱정이고, 날이 개이면 우산이 안 팔릴 것을 생각하며 큰아들 걱정입니다. 그러니 비가 오나 비가 안 오나 걱정이지요. 이를 딱하게 여긴 지혜자가 그 어머니께 다가갔습니다. "여보시오, 무엇을 그리 걱정하시오. 내가 해결해 주리다. '비가 오면 큰아들 우산이 잘 팔리겠구나' 생각하며 기뻐하고, 날이 개이면 '작은 아들 나막신이 잘 팔리겠구나'하고 기뻐하시오!." 이 말을 듣고 가만히 생각해보니 사실이었습니다. "옳거니!"하고 그 뒤부터는 근심에서 벗어났다는 얘기가 있습니다. 생각하기에 따라 이 얼마나 엄청난 차이가 있습니까? 그러니 행·불행도 마음먹기에 달렸다고 하는 것이지요.

장자(내편, 제물론)에 의하면 '각 개체는 상대적이므로 절대적 正(정)이란 있을 수 없고 모든 사물은 인간의 사고 내에 있음으로 보는 이의 관점에 따라 동시에 이것이면서 저것이 될 수 있다'는 似如(사여)의 개념을 논술했습니다. 이러한 장자의 상대성 내지 동시성의 원리에 비춰 보더라도 인간의 행·불행은 확실히 개인의 사고 내에 있고 긍정적이냐 부정적이냐에 달려 있음을 알 수 있습니다.

주위에 남편을 조금 일찍 잃은 상황이 비슷했던 두 여인이 있습니다. A라는 여인은 신앙생활을 하면서 남편이 남겨준 사업에 자신이 뛰어 들어 열심히 일하며 적극적인 삶을 살면서 자식들에게 아빠의 자리까지 채워준 자랑스러운 어머니가 되었고, B라는 여인은 남편이 남겨준 재산으로 경제적으로는 어려움 없이 아이들 학비와 생활을 하면서도, 자신은 남편을 잃은 죄인의 심정으로 이웃과도 멀리하고 남편과의 추억만 되씹으며 외롭게 사는 모습을 보았습니다. 그러한 모습은 아이들이 커갈수록 자식들에게도 짐이 되고 본인의 건강에도 적신호가 왔습니다.

A라는 여인은 현실을 직시하고, 상황을 긍정적으로 받아들이며 자신을 추스르고 적극적인 자세로 나섰던 것입니다. 남편이 있을 때는 안으로만 돌고, 내성적이며 얌전하다고만 생각했던 그녀가 중년을 들어선 지금은 자신도 놀랄 정도로 활달하고 자신감에 넘치는 생활을 잘 하고 있습니다. 자식들 3남매도 열심히 살아가는 어머니 밑에서 잘 자라 주어서 성공적인 위치에 서 있습니다. 반면에 B라는 여인은 그 동안 얻은 것은 병이고, 몸도 약해져서 여기저기 아픈

곳도 많고 이곳저곳 건강 클리닉을 찾는 모습을 보고 있습니다.

마음의 병은 육체의 병으로 옮기는 것을 살아가면서, 주위를 보면서 알게 됩니다. '건강한 육체에 건전한 정신'이란 말도 있지만 '건전한 정신에 건강한 육체'가 유지됩니다. 정신이 육체보다 앞섭니다. 정신이 건전해야만 그 생활도 건전합니다. 그 생활이 건전하면 건강은 따라옵니다.

극소수 예외는 있지만, 성직자들이 건강하게 장수하는 것을 보아도 알 수 있습니다. 그런가하면 사업가들이 건강을 해치고, 한창 나이에 쓰러지는 것을 보아도 알 수 있습니다. 그 외 사소한 것에서부터 큰 병에 이르기까지 마음에서 오는 병은 허다합니다. 고3병도 마음의 병이고, 월요병도 마음의 병이며, 40견 50견 신경통, 위장병도 결국은 마음의 병에서 옵니다. 왜냐면 마음은 육체를 지배하기 때문입니다.

마음은 참 묘한 것입니다. 이심전심이란 말이 있습니다. 그런가하면 영은 통한다고도 합니다. 그 말이 맞다는 생각을 할 때가 많습니다. 대부분의 경우 대인 관계에서 '내가 상대를 좋아하면 그도 나를 좋아하고, 내가 상대를 싫어하면 그도 나를 싫어하는 경우'는 누구나 다 겪을 것입니다. 그래서 영은 통한다고 합니다. 또 사랑하는 사람들은 마음이 통한다고 합니다. 사실 그렇습니다. 마음이 통합니다. 예감이 오고, 마음이 당겨가고, 당겨옵니다. 사랑하는 사람뿐만이 아닙니다. 친한 친구간도 그렇고, 가까이 생각하는 사람들간도 그렇습니다. 일을 하다가도 문득 그 친구가 생각나서 전화를 거는 경우가 있습니다. 그러면 그 친구도 '네 생각이 나서 전화를 걸려던 참이었다'는 말을 듣습니다.

몇 년 전의 일입니다. 아침을 먹고 설거지를 하다가 문득 가깝게 지내는 친지 어른 생각이 났습니다. 하던 설거지를 중단하고 전화를 했습니다. 그 아들이 받았습니다. 어머니의 안부를 물었습니다. 머뭇머뭇 제대로 답을 못하였습니다. 이런 저런 얘기를 끝낼 즈음에 "사실은 방금 전화를 걸려든 참이었어요. 어머니가 지금 방금 돌아가셨어요" 했습니다. "이럴 수가!" 수화기를 놓고 멍하니 한참을 앉아 있다가 '영혼이 떠나면서 내 마음을 부르셨나 보다'.고 마음을 가다듬었습니다. 마음은 참 묘한 것입니다. 이심전심도 있고, 영은 통한다는 말을 살아가면서 실감을 할 때가 많습니다.

≪大學≫에 보면 '心不在焉 視而不見 聽而不聞 食而不知其味(심부재언 시이불견 청이불문 식이부지기미)-마음이 없으면 보아도 보이지 않고 들어도 들리지 않고 먹어도 그 맛을 알 수 없다' -라는 말이 있습니다. 그러니 우리의 五感도 마음에 달려 있음을 알 수 있는 말이지요. 이것은 곧 마음이 육체를 지배한다는 것과 같은 맥락입니다. '행복은 만족에 있다'고 합니다. 그 만족은 무엇의 만족입니까? 마음의 만족입니다. 마음을 채울 수 있는 것은 물질만이 아닙니다. 물질 이상의 정신입니다. 정신을 지배하는 것은 무엇입니까? 정신은 영적인 것입니다. 창조주가 흙으로 인간을 만들고, 그 코에 불어넣은 <生靈(생영)>입니다. 그래서 그 영은 영원불멸입니다. 그래서 인간은 그 영을 간직하지 않고서는 인간의 마음은 끝없이 올라가도 만족이 없습니다. 비어 있는 자리는 '나를 있게 한 창조주의 자리'이기 때문입니다.

마음의 색깔은 무엇일까요? 무지개 빛깔입니다. 무지개 빛 하늘을 보노라면 그 색깔임을 알 수 있습니다. 가장 순수한 마음은 무지개 빛 하늘입니다. 세상을 살아가면서 환경이 변하면서 상황이 달라지면서 때로는 빨강이 되기도 하고 감정이 되기도 하고 초록이 되기도 하고 노랑이 되기도 하고, 백색의 흰 빛깔을 띠기도 합니다.

하지만 가장 순수한 마음의 빛깔은 모든 색깔을 담아낼 수 있는 무지개 빛 하늘입니다.

2) 도전하는 주부는 아름답다.

세상은 남자가 다스리고 남자는 여자가 다스린다는 옛말도 있지만 요즈음은 여자들이 사회의 각계각층에서 눈부신 활동을 하고 있는 것을 봅니다. 남자들의 그늘에서 안주하던 시대는 지나갔다고 봅니다. 누구나 자기의 능력에 따라 변신할 수 있고, 주어진 자기 몫에서 자기를 개발할 때입니다. '암탉이 울면 집안이 망한다'는 말은 옛말이고 근거 없는 말입니다. '암탉이 울면 알을 낳았다'는 증거니 생산의 징후입니다. 이렇듯 변해 가는 사회 속에서 집안의 내조만을 고집할 시기는 아닙니다. 용기를 가지고 할 수 있는 것을 찾아 도전해 보십시오. 뜻만 있으면 길이 열립니다.

사람은 직장을 통하여 건강해집니다. 규칙적인 생활을 하기 때문입니다. 또 직장에서 동료들끼리 대화를 나누는 즐거움을 가지기 때문입니다. 사람은 하루 가운데 일정량의 말을 해야만 건강하다고 합니다. 또 말을 하고 싶어 하는 욕구도 인간에게는 있습니다. 대화를 하지 않고는 견딜 수 없는 것이 인간입니다. 무인도에 홀로 남게 된 사람이 개미하고 대화를 한다는 것이나 독방신세의 죄수가 혼자 떠드는 것도 말하는 욕구를 이기지 못하기 때문입니다.

집에 있는 엄마들이 식구들이 오면 이것저것 물으면서 多辯(다변)한 것도 종일 하지 못한 말의 발산입니다. 반면에 나가서 많이 말을 한 사람들은 집에 오면 말을 안 하는 경우가 있습니다. 이것은 말할 하루의 량을 밖에서 다 쏟았기 때문에 말하기가 싫어지는 것입니다. 에너지도 그만큼 소모된 것이지요. 부부가 대화가 통하지 않는다니,

남편이 들어와 말하지 않는 다는 이유가 이러한 현상과 무관한 것은 아닙니다.

주부가 40대로 접어들 즈음이면 아이들은 학교에서 학원으로 다니느라 집에서 엄마와 대화할 시간도 줄어듭니다. 또 머리가 커지면 어릴 때와 다릅니다. 엄마와 대화를 즐겨하지 않습니다. 그럴 때가 잦아지면 엄마들은 서서히 소외감을 느끼게 됩니다. 그러면서 엄마들은 서서히 자기 자신을 돌아보게 됩니다. 그러다 찾는 것이 학창시절의 꿈입니다. 음악을 좋아하고, 노래를 잘 했던 엄마들은 그 쪽 방향으로, 미술을 좋아했던 사람은 또 그림 그리는 곳을 찾아 나섭니다. 그리고 문학을 좋아했던 사람들은 문예창작의 길을 찾아 나섭니다.

필자도 가끔 인터넷상의 <주부 문예사이트>에 들어가 볼 때가 있습니다. 주부들은 거기에다 자기들의 감정을 쏟아 놓는 것을 볼 수 있습니다. 못다 이룬 사랑 이야기라든지 다가갈 수 없는 사랑을 수필로 또는 시로 표출해 내는 것을 볼 수 있습니다. 얼굴이 나타나지 않는 공간이라는 이점 때문에 인지 자기감정을 거르지 않고 막 쏟아 놓은 글들도 올라옵니다.

필자의 강의를 듣는 교내 평생교육원 수강생들은 주부들이 많습니다. <논술지도자 과정>, <글짓기 지도자 과정>, <문예창작과정> 등등, 어느 때는 <논어>를 개설한 적도 있습니다. 논어를 수강하는 부류는 주부들도 있지만 직장인과 퇴임한 분들 교사들이 주축을 이룹니다.. 반면 문예창작은 주부들이 다수를 이룹니다. 이들을 보면 나의 그 시절을 생각나게 합니다. 나이는 40줄에 들어섰고, 아이들은 중 고등학교를 다니고, 경제적으로는 안정이 된 위치입니다.

이제야 엄마들은 자신을 돌아볼 마음의 여유와 시간적 여유가 생긴 것이지요.

<문예 창작 과정>을 목마르게 들은 주부 중에 한 사람인 L씨는 지금 인터넷 채팅과 주부 문학 사이트에 흠뻑 빠져 있음을 볼 수 있습니다. 하루 2시간 씩 한다는데 어디 하다가 보면 그렇게만 될까 싶을 정도입니다. 결혼을 하고 아이들 뒷바라지며 남편 그늘에서만 살다가 우연히 컴퓨터를 접하고 인터넷을 알고, 문학 사이트에 드나들면서 지금까지 억압된 감정들이 분수처럼 솟구쳐 나오는 것 같습니다. 시, 소설, 수필 할 것 없이 막 쏟아냅니다. 저절로 터지는 다작이지요. 잘 다듬어 나아가면 작가로서의 꿈을 곧 이루리라 봅니다. 또 Y씨는 차근차근 문학의 길을 밟을 생각입니다. 문학의 이론서에서부터 국문학 관련 서적을 하나하나 독해하고 있습니다. 하는 사업이 있으니까 보다 느긋합니다. 책 한 두 권 내는 것이 소원이라 했습니다. 그러기 위해서 지금 그 과정을 걷고 있습니다. 여유 있게 시작했으니 여유 있게 이룩하리라 봅니다.

J 씨는 주부 화가입니다. 어느 날 학창 시절의 꿈이 불현듯 되살아나서 찾은 곳이 화실이었습니다. 사군자를 비롯한 동양화를 그리고 있습니다. 그녀의 고백에 의하면 처음 화실을 찾아 그림을 그릴 때는 남편과 아이들을 학교에 보내고 부지런히 집을 정리해 놓고 10시에 화실에 와서 점심까지 그르면서 5-6시간을 그림만 그렸다고 합니다. 그렇게 하여 6개월 만에 수묵화 <난> 그림으로 대회에서 우수상을 타기도 했습니다. <난>하나를 무려 200장이나 그렸답니다. 그 후 3년이 지난 후 그녀의 사업장을 방문한 적이 있었습니다. 온통 사무실은 그녀의 아기자기한 동양화 그림으로 벽면을 장식하고

있었습니다.

P씨도 결혼을 하고 아이를 기르면서 살림만 하고 있었는데 어느 날 보니 놀라보게 달라져 있었습니다. 화장도 멋도 내지 않던 그녀가 하얀 티를 받쳐 깜정 투피스를 입고 <마이 카> 운전석에 앉아서, 지나가는 필자를 불렀습니다. 얘기인즉 모 건강식품 회사 지점장이라 하면서 남편 월급보다 많다고 했습니다. 그러면서 신규 채용할 신실한 주부 사원도 부탁했습니다.

요즈음은 주부들도 10년 전과는 다릅니다. 아니 5년 전과도 달라지고 있습니다. 컴퓨터 기종이 빠르게 달라지듯 주부들도 빠르게 변하고 있습니다. 그 동안 긴 인습의 겨울잠에서 깨어나 일어서고 있습니다. 가정에만 묻혀 있을 시대는 아님을 깨달은 것이지요. 뭔가에 자신을 맡기고 투자해 보고자 합니다. 열심히 그 일을 찾아보십시오. 神(신)은 누구에게나 한 가지 특기와 재능은 주었다고 하지 않습니까? 그것을 찾아 도전해 보십시오. 그리고 자신을 업그레이드해 보십시오. 길은 의외로 가까이에 있습니다.

3) 바라보는 대로 이루어진다.

바라보는 대로 이루어진다는 말이 있습니다. 지성이면 감천이란 말이 있듯이 곧 내가 간절히 원하면 이루어진다는 것입니다. 물론 그것을 향한 노력은 필수적이지요. 가만히 누워서 저절로 입에 들어오는 것은 없습니다.

"너, 장래 꿈이 뭐니?"하고 보통 어른들은 자라나는 아이들에게 묻곤 합니다. 그리고 자라면서 스스로 자기 꿈을 간직하고, 키워가며 노력합니다. 하지만 그 가운데 과연 몇 %가 그 꿈을 고스란히 이룩할까요? 여러 가지 성공의 여건이 잘 맞물려져서 본인의 노력과 함께 슬슬 잘 풀리는 사람은 그야말로 행운입니다. 하지만 세상만사가 그렇게 자기 뜻대로 되는 것이 아닌 경우가 많습니다. 그래서 그 꿈은 노력과 상관없이 길이 막혀버리는 경우도 있습니다. 더구나 IMF를 맞이한 이 후 요즈음의 젊은이들이야 더 말할 것이 없겠습니다. 하지만 이를 때일수록 방향의 키를 잘만 잡으면 의외의 곳에서 성공할 수도 있습니다. 꼭 자기가 바라던 꿈이 아니더라도 현실에 적응하며 개척해 가는 경우입니다. 이것은 각자의 재능과 능력에도 달려있지만 무엇보다 각자의 노력과 성실성이 좌우합니다.

김영삼 대통령은 중 3때부터 대통령의 꿈을 키워왔다고 하지 않습니까? 그 꿈을 실현시키기 위해 그 많은 세월 동안 수없이 많은 도전과 좌절과 핍박 속에서도 투쟁과 화해를 해왔습니다. 야당으로서는 그 길이 어려움을 알고 꿈을 실현시키기 위해 방향의 키를 잠시 동안 돌렸던 것입니다. '호랑이 새끼를 잡으려면 호랑이 굴에 들어가라'는 말이 적중했습니다. 어제의 적을 동지로 받아들여 3당 합당에 힘을 주었습니다. 그리고 목적을 이루었습니다.

대통령이 되고, 호랑이들을 잡아들이고, '역사 바로 세우기'를 했습니다. 청와대를 가리고 우뚝 선 일제의 유물인 중앙청을 해체해 버리고, 남산의 풍광을 가리는 외인 아파트를 밀어 버리고, 금융비리를 캐기 위해 금융실명제를 하고, 구정권의 부정부패를 소탕하는 데 또 많은 시간을 보냈습니다. 대통령의 의중이 어디에 있었고, 어떤 자를 지칭하여 말했는지는 모르지만 취임 후 '돈 있는 자가 고통받는 시기가 올 것'이라 하더니 정말 그렇게 되고 말았습니다. IMF로 인해 중산층이 무너졌으니 말입니다. 바라보는 대로 이루어진다면 말도 하는 대로 이루어짐을 알 수 있습니다. 그래서 부정적인 말은 삼가 해야 합니다.

말에는 주술성이 있다고 합니다. 그 증거는 옛 이야기에서도 쉽게 찾을 수 있습니다. <평강공주와 바보온달>이 그렇고 <선화공주와 서동>이 그렇습니다. 그칠 줄 모르고 우는 공주에게 진평왕은 농담조로 "너는 늘 울기만 하여 나의 귀를 요란스럽게 하니 커서도 사대부의 아내가 될 수 없으니 바보 온달에게나 시집보내야겠다"고 말하곤 했습니다. 그것이 씨가 되어 결국 공주는 바보온달과 결혼하였습니다. 또 백제의 서동(뒤에 무왕이 됨)은 신라 진평왕의 셋째 딸 선화공주가 미색이 뛰어나다는 말을 듣고 신라로 가서 아이들을 모아 동요를 부르게 하여 그 노래로 인하여 공주는 대궐을 쫓겨나게 되었고, 결국 공주는 서동이와 결혼하게 되었습니다. 그 노래 가사는 이렇습니다. "선화공주님은 남 몰래 시집가 서동 서방을 밤에 몰래 안고 가다" 입니다. 구중궁궐에 있는 공주에게 이런 망측한 노래가 어디 있겠습니까.

바라보는 대로 된다는 것도 말의 주술성과도 같은 것입니다. 바라는 것이 있으면 종교적인 믿음과는 관계없이 사람들은 간절한 마음으로 기다립니다. 그래서 좋은 것을 빌어야 하고 말은 삼가야 합니다. 진평왕이 공주에게 늘 해온 그 말이 씨가 되어 실현 된 것은 언어의 주술성과 무관하지 않습니다. 또 서동이 동요를 불러 퍼트린 그 노래의 주술성이나. 마음에 새기고 그것을 향해 꾸준히 노력하며 전진하는 마음의 자세나 다를 게 없습니다.

결국은 바라는 것들의 실상으로 바라보는 대로 이루어집니다. 그러므로 꿈은 소중하고 말은 가려서 해야 하고 긍정적으로 생각해야 하고 긍정적인 말을 해야 합니다.

4) 뉴스의 초점을 비켜가며

요즈음 뉴스를 보면 희망을 갖게 하는 뉴스보다 그늘진 뉴스일색입니다. 정치인은 정치인대로, 기업인은 기업인대로 문제투성인 것 같습니다. 뉴스를 보고 있노라면 믿을 것은 아무 것도 없지요. 그래도 찾아보면 정직하고 아름답게 사는 사람들이 더 많을 텐데 말입니다. 비리는 들추면 들출수록 더 번져나가 악해지고, 아름다운 이야기는 하면 할수록 사람의 마음을 더 감동시켜 선한 마음을 가지게 합니다. 나쁜 것은 뉴스로 보여 주지 않고 고칠 수는 없을까요? 나쁜 것을 보고 고치기는커녕 보고 나쁜 것을 더 배우는 것 같으니 말입니다.

구 여당의 안기부돈 유입사건이 터질 때입니다. 강삼재 의원을 강제 체포라도 할 것이라 했고, 그 돈은 청와대에서 유입되었다고 했습니다. 여·야를 막론하고 국민의 신임을 얻기는 어려운 상황에 이르렀지요. 김영삼 전대통령은 기업인돈 한 푼도 받지 않았다고 큰소리 했는데 결국은 국가 돈을 여당의 선거자금으로 유용한 것이 되니....... 돈 없이는 선거도 정치도 할 수 없다는 얘기인데 그럼 국민의 정부시절 여당은 97년 대선 때 당시 여당 못지않은 돈을 썼다고들 아는데 그 돈은 도대체 어디서 나왔을까요? 그러니 현 야당에서는 김대중 대통령의 대선 자금부터 밝히라고 맞불을 붙이니 일반 국민은 구경꾼의 위치에서 바라볼 뿐이죠. 그저 꿀 먹은 벙어리처럼 지켜보고만 있지요. 누가 잘하는 지는 선거가 말하겠지요.

국민들은 좀 조용히 살고 싶습니다. "그간 수 십 년 동안의 군인정치에서는 민주화 민주화 하면서 얼마나 많은 학생들이 희생되었습니까. 그 때는 어른들은 지켜만 보고 몸을 도사리며 자기 살 생각만 했습니다. 이제 그 소원이던 문민정부니 국민의 정부니 참여정부니 하면서 민간 정치를 하는데 왜 군인들이 정치를 할 때보다 일반 서민들은 살기가 어렵고 힘듭니까?" 이것은 필자의 말이 아닙니다 어느 날 택시를 탔는데 기사 양반의 말입니다. 험담도 쏟아냈습니다. 그 말이 일례가 있다고 생각하면서도 "민주화가 쉽나요? 민주화를 얻었으니 경제적으로 어려운 것은 참아 내야죠, 어떻게 갑자기 한꺼번에 모든 것을 다 얻을 수 있겠어요"했습니다. 성급하게 IMF를 졸업한양 한 것도 정부의 불신을 갖고 왔고, 3년이 되도록 깔끔하게 구여당의 잘잘못을 가리지 못하고 ,어떤 일이 터지면 상대적으로 터져 나오는 그 폭로의 시기도 적절치 않은 것이 더 정치하는 사람들을 믿지 못하게 하는 것 같습니다.

언젠가는 언론사 세무 조사가 신문을 장식하더니 이어서 나온 대한 변협의 '현정부 법치 후퇴 결의문 발표'로 여야가 서로 공방입니다. 언론사 세무 조사도 잘하는 일이고, 개혁도 잘하는 일입니다. 국민 다수가 다 공감하는 일일 것입니다. 단지 염려하는 것은 '적법을 앞세운 세무조사를 미끼로 해서 언론이 위축되지는 않을까'를 염려하는 것입니다. <동아일보>나 <조선일보>는 둘 다 어려운 시기를 겪어온 민중의 귀이고 눈입니다. 이들이 위축된다면 그야말로 국민들은 알 것을 모르고 지나야 합니다.

<동아일보>에 가장 감사해야 할 정권은 야당시절의 현 정권이고 현 대통령일지도 모릅니다. 더 멀리까지는 필자가 잘 모르지만 <동아일보>가 군사 정권 때 윤전기를 멈추었을 때를 기억합니다. 또 어느 때는 광고란이 하얗게 백지로 나올 때도 있었습니다. 그 당시 군사 정권에서는 눈의 가시가 <동아일보>이었을 것입니다. 그래도

굽히지 않고 언론의 바른 길을 걸어왔다고 봅니다. 그래서 야당지하면 <동아일보>를 첫손으로 꼽았습니다. 모든 일에 있어서는 찬반론자들이 있고, 모든 일에는 장단점이 따릅니다. 일색으로 찬성만 하고 반대가 없다면 민주주의가 아니라 .공산주의입니다. 반대론자들의 의견을 그대로 수용하라는 것이 아니라 참고하여 정책을 운용하라는 것일 겁니다.

대한 변협의 <법치후퇴 결의문>도 그렇습니다. '민변'에서는 '전체 변호사의 뜻이 아니라'고 그들의 입장을 표명했습니다. 그러면 된 것입니다. 보는 견해가 똑 같을 수가 없으니까요. 똑 같다면 이것도 민주주의가 아니라 공산주의이지요. 이렇게 보는 단체도 있고 저렇게 보는 단체도 있어야 됩니다. 개인도 마찬가지입니다. 다만 다수가 그렇게 본다면 귀를 기울어야 하지요. 현재 국민 생활도 그렇습니다. 국민 과반수가 어렵게 생각하면 그것은 어려운 것입니다. 정부 여당은 '수구 기득권 세력의 저항'이라든가 '정부의 개혁 추진을 貶下(폄하)' 한다고만 보지 말고 겸허하게 경청하는 자세도 국민에게 보여야 될 줄 압니다. 개인이 아닌 단체가 그렇게 생각한다면 발표할 수도 건의할 수도 있지 않을까요? 그것도 법을 아는 사람들의 단체인데 -. 그래서 민주주의가 좋은 것 아닌가요? 오죽하면 '자유가 아니면 죽음을 달라'고 했을까요? 자유가 그래서 좋고 민주주의가 그래서 좋은 것입니다. 반대의견도 일단 수용하고 살펴보는 정부 여당측의 여유 있는 모습이 되었으면 좋겠습니다.

공자의 말이 생각납니다. "많은 사람들이 그것을 좋아하더라도 반드시 살펴보고, 많은 사람들이 그것을 싫어하더라도 반드시 살펴야 한다.-子曰 衆 好之 必察焉 衆 惡之 必察焉"고-.

5) 고양이처럼

요즈음 아이들은 컴퓨터와 매스컴과 각종 교육교재를 어릴 때부터 접하여 매우 영리하고 이해가 빠릅니다. 하나를 말하면 10개를 말할 수 있는 아이들이지요.

초등하교 근무할 때의 일입니다. 초등학교는 동학년이 중심이 되지요. 수업이 끝나고 청소까지 끝내고 아이들이 다 돌아간 텅 빈 교실은 교사의 자유로운 공간이지요. 공무적인 일이 없다면 조용히 책을 볼 수도 있고, 옆 반 교실에 가서 얘기를 나눌 수도 있고, 교사들끼리 모여 그 날 있은 아이들 이야기도 하고, 수업 이야기도 하고, 수업 자료 준비도 하고, 환경정리도 하며 오후 시간을 보내기도 합니다. 금요일마다 동학년회의가 있지요. 다음 일 주간의 계획과 진도 점검, 기타 그 때 그 때 일어나는 여러 가지 일들을 계획하고 처리합니다.

저학년인 경우는 오후 시간이면 동학년끼리 모이는 횟수가 많은 편입니다. 또 그 날 아이들과 일어난 이야기가 고학년보다 풍부하고요. 그래서 더 웃기도 하지요.

일학년을 담임할 때의 일입니다. 수업중에 갑자기 복도에서 '야옹 야옹' 하는 소리가 소란스럽게 들리었습니다. 수업하던 아이들도 복도 쪽으로 시선을 돌렸지요. 이상하여 교실 문을 열어보았지요. 수십 명의 아이들이 기어가면서 '야옹 야옹'했습니다. 옆 반 선생님도 문을 열고 나왔습니다. 아이들은 기어서 그대로 모두 화장실로 들어갔습니다. 어이없는 笑話(소화)사건이었지요. 누가 감히 이들을 야단칠 수 있을까요?

그 뒤 문제의 그 반 담임선생님의 변명이 있었습니다. 수업을 하다보니 쉬는 시간이 지났더랍니다. 그래서 아이들에게 다른 반이 수업을 하고 있으니 조용히 나가서 화장실에 갔다 오라는 의미에서 '고양이가 쥐를 잡을 때 어떻게 하지?......살금살금 기어가지? 그래 고양이가 쥐를 잡으러 살금살금 다가가듯이 살금살금 나가서 화장실을 갔다 오라'고 했답니다. 아이들은 선생님이 일러준 대로 고양이처럼 살금살금 기어서 화장실을 간 것입니다. 그런데 누군가가 '야옹'이라고 먼저 말 한 아이가 있었습니다. 따라서 같이 한 것이 그 결과를 일으킨 것이지요. 그 이야기를 듣고 모두가 그야말로 拍掌大笑(박장대소)를 했습니다. 담임선생님의 말씀을 잘 실천한 얼마나 순진한 아이들인가요. 이렇게 아이들은 영악하면서도 순진합니다. 그 말을 들은 어떤 선생님은 또 다른 우스운 이야기를 했습니다. 어느 시골 학교 교사의 체험담이랍니다.

지금은 없지만 아이들 회충검사가 해마다 있을 때입니다. 검사 봉투를 주어서 거두었지요. 그 봉투를 거두는 날은 종일 변 냄새가 풍겨 나오곤 했지요. 회충 검사 봉투를 거두는 날 어떤 아이가 신문지에 떡을 싸서 담임선생님께 갖다 드렸습니다. 수업을 마치고 아이들을 보낸 후 옆 반 선생님들을 불러 놓고 떡 신문지를 풀었습니다. 꼭꼭 싼 것을 하나하나 풀면서 좀 이상한 느낌이 들었습니다. 풀었을 때 "아악!" 하는 비명 소리와 함께 그 선생님은 구토를 하며 밖으로 나갔습니다. 나머지 선생님들도 다 나왔지요. <똥>이었습니다. 어떻게 이런 일이 있었을까요?

지금이사 하지도 않고 있다 해도 사람들이 이제는 약아서 이런 미련한 일은 없겠지만 이런 시절도 있었답니다. '전 날 그 아이는 결석했고, 변검사를 한다고 변을 갖고 오라는 소리를 친구로부터 들었습니다. 1학년을 보내놓고 처음 맞는 일이라 엄마는 아이의 변을 조심스럽게 싸서 선생님 갖다 드리라고 했지요. 아이는 분명히 "<똥>이요" 하고 드렸습니다. 선생님은 그것을 "떡이요"로 잘못 들은 것이지요. 큼직하게 신문에 싸였으니 그렇게 들을 수도 있지요. 또 그렇게 떡을 갖고 오는 정성도 있으니 누구를 원망하겠습니까? 이야기를 듣고 또 배꼽을 쥐고 웃음이 터져 나왔습니다. 이런 웃기는 이야기는 저학년을 하면 종종 흘러나옵니다.

동학년 선생님들이 모이면 이렇게 우스운 얘기가 이어질 때가 많습니다. 이런 우스운 이야기를 듣노라면 아이들과의 신경전도 피곤함도 다 씻깁니다. 초등학교는 같은 학년 선생님들끼리의 유대가 중요합니다. 특히 동학년 선생님들 한 사람 한사람을 똑같이 배려할 줄 아는 주임교사의 역할이 중요하지요.

교사들은 서로 사랑하고 아끼며 힘들 때 다가와 친구가 되어 주는 동료 선생님의 따뜻한 말 한마디 한마디가 아이들을 가르치며 느끼는 보람과 기쁨 못지않게 교직의 맛을 더해줍니다.

9. 내일을 위하여

모든 육체는 풀이요
그 모든 아름다움은
들의 꽃과 같으니
풀은 마르고 꽃은 시드나
진리는 변치 않습니다.

1) 남녀 출생 불균형을 보며

얼마 전까지만 해도 남녀출생불균형을 염려하더니 이제는 그것도 출생률이 부족하여 세계 제1위를 기록한다니 이래저래 선진으로 가는 길이 어렵기는 어렵나 봅니다. 선진국가일수록 출생률이 적어니 말입니다. 중국에서는 공식 인구가 13억이지만 사실은 15억이 넘을 수도 있다고 합니다. 현지 공안신분인 사람에게서 들었으니 사실이겠지요. 이유인즉 중국은 1명만 호적에 올리고 둘째부터는 아예 호적도 없답니다. 그러니 그 다음은 각자가 생각해 보십시오.

태초에 하나님은 남자 여자 한 쌍을 만들어 생육하고 번성해서 오순도순 잘 살아보라고 했는데, 오만한 인생들이 그것을 못 지키고 있는 것 같습니다. 남녀평등이라고 여성들은 말로는 목청을 높이고 있으면서 정작 자기 일에는 힘을 잃고 있는 것은 아닌지요? 남자는 어떻고 여자는 어떻습니까? 지금이 어떤 시대냐고 언성을 높이면서도 정작 자기 일에는 소극적입니다. 남녀출산 불균형을 갖고 온 장본인이 누구입니까? 아이를 가진 엄마 자신이 아닌가요? 엄마 시대에 차별로 컸다면 자신은 바꾸어져야 되지 않을까요? 아들이든 딸이든 개성에 맞게 재능을 찾아 잘 길러 보십시오. 이 사회에서 사고뭉치의 비율은 남자가 훨씬 많지 않은가요? 여자가 뭉치고 여자가 많아야만 힘을 가지지 않을까요?

지금은 남녀 똑 같이 교육의 혜택을 받기 때문에 여자가 남자보다 지적으로 못할게 없습니다. 단지 고정 관념에 있을 뿐입니다. 그 관념에서 탈피해야 합니다. 여자들부터, 집안에서부터 달라져야 합니다. 지적으로 깨어나고 지적으로 달라져야 합니다. 출세한 남편의 그늘에서만 안주하지 말고 할 수 있는 일을 찾아서 주체가 되어야 합니다. 규칙적인 활동은 건강에도 좋습니다.

자신의 계발을 위해서 뛰어 보십시오. 자기 자신이 여자로서의 삶에 만족한다면 딸이라고 두려워하지 않을 것입니다. 자신이 만족하지 못한다면 딸에게는 자기의 전철을 밟지 않기 위해서 정성을 쏟아 남자 못지않게 길러 보십시오. '하나 잘 기른 딸 열 아들 부럽지 않다'는 표어를 실현해 보십시오. 여성들 자신이 정말 당당해 보십시오. 神(신)이 여자보다 남자를 더 힘이 세게 만든 것은 말로서는 여자를 이기지 못하니까 힘으로라도 이기라고 그렇게 한 것이랍니다. 神(신)의 진의를 누가 알겠습니까? 만들어낸 말이겠지만 그렇지 않습니까? 말로서 이긴다는 것은 그 만큼 여자가 더 순발력이 있고, 영리하다는 것입니다. 사실 여자들은 직감과 예감이 뛰어납니다. 놀라울 정도로 정확하기도 하지요.

교육계나 기업계에도 여성 최고 경영자들이 있습니다. 그들이 실패합니까? 남자들보다 더 치밀합니다. 얼른 뚱땅 넘어가는 것이 없습니다. IMF가 났을 때 들은 이야기입니다. 기업은 말할 것도 없고 대부분의 대학들이 은행 빚이 있는데 총장이 여자인 모대학에서는 은행에 저축된 적금이 있어 그 비싼 이율로 인해 도리어 큰돈이 마련되었다는 것입니다. 우리나라도 이제는 여성들이 각 분야에서 최고가 나올 때입니다.

영국 같은 나라에서도 여왕에서부터 여자 수상까지 나왔습니다. 더 잘하고 있고, 잘하지 않습니까? 영국 역사에서 가장 빛나는 3명의 지도자가 있습니다. 그것은 엘리제베스 1세(1558-1603 재위)와 빅토리아 여왕(1837-1901재위)과 철의 여인 대처 수상입니다. 영국을 해가 지지 않는 나라, 반석 위에 세운 여성 지도자들입니다. 두 여왕의 업적은 접어두고 대처 수상에 대해서만 잠간 살펴보겠습니다. 우리나라도 현재 해마다 또는 계절마다 겪는 노조투쟁으로 기업이 큰 어려움을 겪는 것으로 압니다. 그래서 해외로 나가는 기업이 많다고도 합니다. 기업이 해외로 나가니 일자리가 더 없다고도 하고요. 대기업 강성노조는 국가 경쟁력을 약화시키며 경제 성장을 둔화시킵니다.

대처가 수상이 되었을 때 영국의 강성노조를 그때까지 그 누구도 바로 잡지 못했습니다. 그런데 대처는 수상이 된 후 강력한 지도력으로 먼저 영국을 강성노조로부터 해방시켰습니다. 그리고 긴축 재정을 실시하여 영국의 경제 부흥을 이룩하였습니다. 뿐만 아니라 1982년의 포클랜드 전쟁에서도 뛰어난 정치적 역량을 발휘하였습니다. 그리하여 1983년 1987년 실시된 총선거에서 보수당이 승리, 3기를 연임함으로써 영국 사상 최장기 집권 총리가 되기도 했습니다.

여자들부터 남성 우위의 관념에서 벗어나야 합니다. 남녀는 생리적인 모습과 역할만 다를 뿐입니다. 어느 한쪽만으로 살수도 없는 것입니다. 부부간에도 서로 상대의 능력을 존중해주며 서로가 계발해 나가야 합니다. 결혼 전까지만 인정하고, 결혼 후는 출산과 육아와 가사에만 만족하라는 것은 아내에 대한 죄악입니다. 아내가 남편을 위하고 내조해 주듯, 남편도 아내가 자기 계발을 위해 하고자할 때 최선을 다해 협조해 주어야 합니다.

나의 친구 가운데 학교 다닐 때 여러 면에서 뛰어 난 K라는 친구가 있습니다. 인물이나 공부는 말할 것도 없고, 필자가 제일 부러워한 것은 글씨입니다. 글씨를 아주 잘 썼습니다. 대학원 수료만 하고 논문을 못 쓰고 S대 출신의 유능한 신랑감을 만나 결혼을 했습니다. 외아들인 그 남편의 소원대로 4남매를 잘 길러 이제는 결혼까지 다 마무리했습니다. 그러고 나니 知天命(지천명)을 훌쩍 넘더랍니다. 그 사이 사실은 못다 이룬 공부를 하기 위해 진학의 꿈도 수없이 꾸었지만 남편의 반대에 부딪혀 이루지 못했습니다. 그 친구는 남편이 사회적 지위도 가졌고, 가정적으로도 성공했고, 자식 농사에도 성공했습니다. 성공적인 결혼생활도 누렸습니다. 하지만 그 자신은 그렇게 이루고자 했던 자기 발전과 자기 성취를 이루지 못했습니다. 그 친구도 남편의 너그러운 배려만 있었다면 충분히 자기 성취도 이룰 수 있는 능력이 있었는데도 말입니다. 결국 그 친구는 남편을 위해 자기 계발은 접어 두어야 했습니다.

그런가하면 또 한 친구 C는 학교 다닐 때는 K보다는 못했습니다. 하지만 결혼 후 더욱 자신 있는 모습을 보이면서 남편의 배려와 외조로 대학원 진학을 하여 실력을 길러 지금은 남편과 함께 경영자의 위치에서 당당하게 살아가는 모습을 봅니다.

부부는 어깨를 나란히 함께 걸어갈 때 보기에도 좋습니다. 한 사람이 앞서서 간다든지 뒤떨어져서 따라가는 것도 왠지 어울리지도 않고 맞지 않는 짝과도 같이 보이지요.

부부는 함께 가는 동반자입니다. 그러기에 서로 이해하고 격려하며 함께 발전해 가야합니다. 지금은 21세기입니다. 19세기의 사고방식은 떨쳐버려야 합니다. 엄마들부터 변해야합니다. 딸은 엄마의 생활 모습을 은연중에 많이 닮습니다. 엄마들이 앞장서서 여성의 권익을 찾아야합니다. 딸들이 당당하게 살아가도록 <화이팅!!>을 외쳐봅시다.

2) 꿈의 세계 -영혼은 불멸한가?

사람이 죽으면 영혼은 어디서 어떻게 있을까요? 물론 종교적으로 말한다면 불교에서는 극락이고 기독교에서는 천당입니다. 그리고 지옥입니다. 카톨릭에서는 천당 연옥 지옥으로 나뉩니다.

단테의 신곡에 의하면 천당도 지옥도 연옥도 아닌 <림보>란 곳이 있습니다. 슬픔도 기쁨도 없는 그런 곳이지요. 이 세상에서 죄를 짓지 않고 착하게는 살았으나 예수님을 알지 못한 사람들이 가는 곳으로 서술되어 있습니다.

돌아가신 아버지께서 꿈에 보였습니다. 그것도 선명하게. 그래서 며칠을 계획하여 고향 선산에 계신 산소를 찾았습니다. 그곳에 기면 어머니도 함께 계십니다. 어머니께서는 돌아 가신지가 30여년이 되었고, 10년 전 아버지께서 돌아가셨을 때 그 옆에 합장을 했기 때문에 그런지 그 산소에 가면 아버지에 대한 마음만이 가득합니다. 아버지가 계신 산소는 오르는 길부터 기분이 좋습니다. 시골의 맑은 공기며, 풀벌레 소리며, 지저귀는 새소리를 들으며, 풀 향기 맡으며 가는 길은 즐겁기만 합니다. '오면 이렇게 좋고 쉽게 오는 것을 왜 그리도 자주 오게 안 되는지' 혼자 말처럼 외이며 산소에 올랐습니다. 도착하자 남편이 더 큰 소리로 외쳤습니다. "아버님, 저희들 왔습니다. 그간 잘 계셨지요?"했습니다. 갖고 간 과일들을 제단 앞에 올려놓고 예배를 드렸습니다.

나의 아버지께서는 끝까지 예수님을 영접하시지는 않았지만 우리가 다니는 것을 반대하시지는 않았습니다. 그리고 편찮으실 때 기도를 드리면 잘 받으셨습니다. 성경도 읽으신 분입니다. '기독교는 바울이 완성했다'고도 하셨습니다. 그리고 '예수가 훌륭한 것은 십자가의 짐을 순순히 받아들인 것'이라고도 하셨습니다.

예배를 마치고 잡초를 뽑았습니다. 아카시아 씨가 어디서 날아왔는지 흩어져 자라고 있었습니다. '산소 가까이 아카시아 나무는 금물'이란 말을 익히 들어 알기에 샅샅이 찾아서 제거했습니다. 아버지의 산소는 참 좋은 곳에 위치하고 있습니다. 갈 때마다 느끼는 것이지만 이런 곳에 나도 쉬고 싶다는 생각을 합니다. 흙으로 돌아가는 육체이기에 더더욱 고향 선산의 흙으로 남고 싶기도 합니다. 그리고 부모 형제가 있는 이곳에 함께 있고 싶기도 합니다. 그래서 고향이 좋은가 봅니다. 이 산은 어머니가 돌아가셨을 때 아버지께서 장만하신 산입니다. 아버지는 이 산에다 할아버지 산소를 이장하셨고, 증조할아버지 산소도 이장하셨습니다. 아버지께서는 4형제분 중에 막내였지만 집안의 큰일은 다 주관하셨습니다. 조상을 위한 齋室(재실)도 지으셨습니다. 94세에 돌아가실 때까지 정신이 맑으셨습니다.

5월 하순의 시원한 산바람, 이름 모를 산새들의 아름다운 노래 소리, 따갑게 내리쬐는 햇살이 잔디에 부서지며 일으키는 아지랑이, 그대로 멈추고 싶은 시간을 뒤로하고 산을 내려오면서 맘속으로 생각했습니다. '아버지께서 이곳에 계시다면, 우리가 이곳에 오신 것을 아신다면 내 꿈에 나타나셨으면 좋겠다'고-. 그런데 이틀 후 밤에 아버지께서 너무나 선명하게 나의 꿈에 나타나셨습니다. 엄마와 오빠는 어디 나가고 혼자 계셨습니다. 나는 반가워서 아버지께 달려가서 울다가 깨었습니다. 돌아 가신지가 10년이 되었는데 가끔씩 꿈에 나타나십니다.

요즈음은 왜 그럴까 생각해 봅니다. 나에게 부탁한 것이 잘 이루어지지 않을 것 같아서 재촉하시느라고 그러는 것은 아닐까 생각해 봅니다. 나에게 부탁한 것이란 '일찍 요절한 오빠를 위한 비석과 남겨진 고향 땅에 전각을 낀 집이라도 하나 세우는 것'입니다. 오빠 비석은 그 자녀들이 있으니 자녀들의 몫으로 두는 것이 낫다는 중론이 아버지 비석 세울 때 이미 있었고, 집 문제는 자손이 모두 고향을 떠나 미국과 서울에 사는 상황에서 누가 그것을 관리하느냐는 것이 문제로 떠오르고 있습니다. 조카들도 노후에라도 고향에는 가지 않을 모양이라 망설이고 있는 중입니다. 이런 상황을 아시는지 요즈음은 연거푸 꿈에 나타나셔서 고향 산소에 다녀온 것입니다. 아직도 뚜렷한 결론은 못 내리고 있습니다.

아버지의 영혼은 어디에 어떻게 계실까? 궁금할 때가 있습니다. 기독교적인 입장에서 보면 다르지만 그래도 미륵불을 믿으셨고 좋은 일을 많이 하셨으니 부처님 계신 곳에 가셨을 것이라고 생각합니다.

3) 모든 강물은 바다로

헛되고 헛되며
헛되고 헛되니
해 아래에서 수고하는
모든 것이 헛되도다
모든 강물은 다
바다로 흐르되
바다를 채우지 못하며
어느 곳으로 흐르든지
그리로 연하여
흐르느니라
만물의 피곤함을
사람이
말로 다 할 수 없나니
눈은 보아도 족함이 없고
귀는 들어도
차지 아니 하는도다

지혜서로 알려진 잠언서의 저자이기도 한 솔로몬왕이 만년에 기록한 전도서의 첫 부분입니다. 저자 솔로몬은 전도서에서 하나님을 떠난 인생의 모든 일은 헛되고 헛되어 바람을 잡으려는 것과 같다고 했습니다. 하나님을 떠나 세상적인 목표나 동기를 가지고 인생을 추구할 때 진정한 즐거움과 의미를 발견할 수 없다는 것을 그가 만년에 깨달은 것은 자신이 경험했기 때문입니다. 그는 부왕 다윗왕의 축복을 받아 부귀와 영화를 다함께 누렸습니다. 다윗왕은 성전을 짓고 싶었지만 전쟁으로 인하여 피를 많이 흘렸기 때문에 하나님이 허락하지 않았습니다. 솔로몬이 성전을 지었지만 실은 다윗이 그 준비를 다 하여 두었던 것입니다.

다윗왕은 많은 정적들과 싸웠고 영토도 넓히며 안정한 국가를 정립하는데 일생을 보냈습니다. 부왕이 나라를 안정시켜 주었기에 솔로몬은 이 나라를 잘 다스릴 수 있는 지혜와 지식을 하나님께 일천번 제사를 드리며 구했습니다. 하나님은 그의 마음을 귀하게 여기어 그 지혜와 지식 위에 덤으로 부귀와 영화도 누리게 주었습니다. 그가 지혜의 왕으로 소문이 나면서 원근 나라 왕들이 그를 보기 위해서 왔고 그와 교역을 하기를 모두 원했습니다. 그러니 나라는 더욱 부강하게 되었지요.

나라가 부강하게 되면서 솔로몬의 존귀가 높아지면서 그는 많은 이방 여인을 후궁으로 맞이하였고 그 후궁들은 각기 그들이 섬기던 異邦神(이방신)들을 가지고 왔습니다. 솔로몬도 하나님을 섬기는 마음이 멀어져갔지요. 이방신들로 물결을 이루는 것을 하나님이 그대로 두시겠습니까. 하지만 하나님은 인내하며 기다리셨지요. 왜냐하면 솔로몬을 축복한 다윗왕과의 약속을 지키기 위한 것이었습니다. 하나님께 신실한 다윗의 축복으로 그 아들 솔로몬은 영화를 누렸지만 그의 아들 르호보암은 솔로몬의 잘못으로 남북으로 나라가 나누어졌고 그 후 유대 나라는 기울어져 간 것을 성경에 나오는 히브리 역사에서 보게 됩니다. 부모의 축복된 믿음 생활이 그 자녀에게 축복의 근원이 된다는 것을 구약의 역사를 통하여 알 수 있습니다.

솔로몬이 이방신을 갖고 들어온 그 여인들과 어울리는 동안 하나님은 그와 멀어졌습니다. 만년에 그는 그것을 깨닫게 되었습니다.

이 세상의 모든 것은 우리의 지식으로 해결할 수 없는 수수께끼임을 깨달았습니다. 전도서 전편을 통하여 그가 말하는 것은 인간의 지혜에는 한계가 있어서 (1:13, 16-18, 7:24, 8:16-17)사람이 힘써 궁리해 보지만 하나님의 뛰어난 섭리와 그 궁극적인 의미를 알 수 없다는 것입니다. 그래서 하나님이 우리와 함께 하시고 섭리해 주시지 않는다면 우리들이 하는 모든 것은 아무런 의미가 없으며 헛되고 헛되다는 것입니다. 하나님을 떠난 우리의 삶은 일시적으로 세상에서 만족을 누리는 것 같지만 결국은 좌절하고 낙망할 수밖에 없다는 것입니다. 그러면서 마지막에 솔로몬은 이렇게 결론을 내립니다.

'일의 결국을 다 들었으니 하나님을 경외하고 그 명령을 지킬지어다 이것이 사람의 본분'이라고 하였습니다.

4) 풀은 마르고 꽃은 시드나

모든 육체는 풀이요
그 모든 아름다움은
들의 꽃과 같으니
풀은 마르고 꽃은 시드나
진리는 변치 않습니다.

우리의 육체를 한해살이 들풀에 비유한 말입니다. 새봄에 새싹이 파릇파릇 돋을 때는 인생의 유년기이요, 여름날 푸르름이 짙을 때는 청·장년기의 왕성함이며, 가을 날 퇴색되는 빛은 노년을 상징한다고 하겠습니다. 이렇게 육체는 한 해 살이 풀과 같이 여위어 가는 것이 우리의 인생입니다. 아름다움도 마찬가지입니다. 젊음의 아름다움이 언제나 지속되는 것도 아닙니다. 아무리 아름다운 꽃이라도 시들면 그 향기를 잃어버리는 것이 자연의 이치입니다.

이렇게 우리 인생은 유한합니다. 절대자 앞에서뿐만 아니라. 대자연 앞에서도 우리는 약한 존재입니다. 식물은 봄이 되면 싹이 트고 잎이 나고 무성한 수풀을 이루다가 가을날 열매를 맺으면서 겨울과 함께 옷을 벗습니다. 하지만 새봄과 더불어 똑 같은 자리에서 생명이 이어집니다. 계절도 마찬가지입니다. 봄이 가면 여름이 오고 또 가을이 오고 겨울이 옵니다. 이 순환의 계절은 쉼이나 어긋남이 없이 지속적으로 이어집니다. 하지만 우리 인생은 그렇지가 않습니다. 한 번 가면 다시 돌이킬 수 없는 것이 우리의 삶입니다. 소년기가 지나면 청춘기가 옵니다. 그리고 장년기가 이어지고 노년기가 다가옵니다. 그 다음은 누구나 피할 수 없는 죽음으로 마감합니다.

이렇게 우리 인생은 한 번 가면 다시 소년기를 맞이할 꿈이 없습니다. 즉 1회성 순환으로 끝을 맺습니다. 그래서 인생은 한 해 살이 풀과도 같다고 했습니다. 한 번 가면 오지 않습니다.

이 유한한 인생을 보다 안전하게 맡길 수 있는 길을 찾는 것이 믿음이고 영원한 안식처입니다. 그것이 종교입니다. 그래서 '풀은 마르고 꽃은 시드나 진리는 영원히 변치 않는다.'는 것입니다.

5) 여성총리 임명에 따른 유감

'헌정사상 처음 여성 총리가 임명되었다'고 해서 각 신문과 단체들마다 놀라움과 신선감, 또 한편으론 충격으로 받아들이는 듯했습니다. 여성총리 발탁 배경에서 박지원 청와대 비서실장은 "21세기 세계화시대에는 여성인력활용이 국운을 좌우한다."고 할 수 있다하여 여성인력의 필요성과 그 능력 및 사회 발전의 기여도에 대한 매우 고무적인 발언을 한 것에 대해 여성계의 한사람으로서 매우 흐뭇하게 생각하고 환영했습니다.

그리고 행정경험이 없는데 대한 답변으로서는 "교수로서 여러 보직을 겪었고 대학총장으로서 충분한 경험과 경영마인드를 갖춘 분으로 식견과 리더십을 갖고 국정을 안정적이고 효율적으로 이끄는데 손색이 없을 것으로 믿는다."고 했습니다. 그렇습니다 하나를 보면 10가지를 안다는 우리의 속담처럼 장상총리 서리는 대학 총장으로서 그 임무를 훌륭히 수행했고 학교 발전과 내실에서 200%의 성과를 이루었음을 자타가 공인하는 바였습니다. 그래서 총리직에서도 7개월 남짓한 것이 아쉽긴 하지만 국민의 정부를 아름답게 마무리하는데 큰 역할을 하리라 믿었습니다.

이러한 기대와 신선감에 이어 불거진 몇 가지 불미스런 내용 곧 '옥의 티'라 불리는 사건들이 연일 신문을 장식했습니다. 그러한 사항들을 본인의 해명을 토대로 하여 거리를 두고 곰곰이 냉정하게 생각해보았습니다.

첫째 학력기재 문제인데, 본인의 저서에 나타난 <저자 소개>에는 바르게 기재되었습니다. 그러니 직원의 번역상 오류에서 충분히 나올 수 있는 문제라고 할 수 있지요. 왜냐하면 외국학교이기 때문에 '프린스턴 신학대학원'이라하면 프린스턴 대학의 신학대학원으로 충분히 오해할 수 있지요. 하지만 원래 프린스튼 대학교에서 독립해서 나온 신학대학원이고, 현재 프린스튼 대학에는 신학대학원이 없기 때문에 아무 문제가 되지 않습니다. 아는 사람은 다 아는 사실이니까요. 현재 다른 신학박사나 목사님들의 약력에도 [프린스턴 신학대학원]으로 기재되어 나옵니다.

둘째 동료 교수와 함께 산 부동산은 알고 보니 아무문제도 없는 것인데 언론에서 지나치게 확대 보도한 것 같습니다. 해명하는 그대로 이해가 충분히 갑니다. 그곳은 풍광은 좋을지 모르지만 투기할 만한 곳은 아니지요. 투기에 밝은 사람은 그러한 곳에 사지도 않습니다.

셋째 장남 국적포기가 문제이긴 문제가 되지요. 하지만 당시의 상황이 그랬다니 易地思之(역지사지)로 생각해 보면 이해가 가지 않는 바는 아닙니다. 하지만 공직자가 아니라 해도 사회의 지도층으로서는 각성해야 될 문제이지요. 그래서 공직이 어렵다는 것도 알게 됩니다.

모든 면에서 100% 만족할 만한 적임자는 어려울 것 같습니다. 누구나 한두 가지 흠이나 부족한 점은 있기 마련인 것 같다는 생각도 합니다. 하지만 큰 것을 생각하며 고칠 수 있는 것은 고치고 묻어둘 것은 묻어두어야 되지 않을까요? 이런 경우는 내가 그 위치에서 경험해 보지 않고서는 옳으니 그르니 사실 말할 수가 없지요. 나도 그 상황과 위치에서라면 그렇게 안 했다고 장담할 수도 없고요.

특히 요즈음은 고위층 자제들을 비롯해서 유학이나 파견 근무 또는 외국회사 근무로 인해서 미국현지 아기 출산이 많은데 그 아이들이 다 미국 시민권을 가지게 되니 그들은 앞으로 어떻게 될까? 도 생각하게 합니다.

이러한 직접적인 문제 외에 '흠집내기식 발언'도 나왔습니다. '국방을 모르는 여성총리 운운'에 대해서는 그렇게 말한 당사자는 국방의 전문가인지 묻고 싶었습니다. 국방 문제는 군사전문가라야만 잘 알지요. 또 일반 국민들이 너무 알아도 군사기밀 차원에서 문제가 있고요. 대통령이나 총리가 국정 전반에 대해서 다 안다면 전문보좌관이 왜 필요하겠으며 전공자나 전문가가 왜 필요하겠어요. 전문보좌관들로부터 수시로 보고를 받고 자문을 구하면서 알게 되는 것이라고 봅니다.

그로부터 3년 후 드디어 한명숙 여성총리가 탄생되었네요. 그리고 이제 전효숙 여성헌법재판소장이 탄생될테니까요.

"21세기 세계화시대에는 여성인력활용이 국운을 좌우한다."고 했으니. 이제 드디어 여성 최고 지도자가 나올 날도 곧 다가올 것 같은 느낌이 듭니다. 여성들이여, 파이팅!!!

부록 : 러시아 문화기행

국제화 시대를 맞아 각 대학마다 외국인 유학생들이 몰려오는 것 같다. 특히 중국인 학생들이 많다. 유학생들은 일반 교과목 외에 따로 한국어를 1주에 20시간 더 배정 받는다. 그리고 한국어 시험에 합격해야 한다. 그러니 그들은 우리 학생들이 누리는 대학 생활을 누리지 못하는 것을 본다. 그래서 그들은 공부하기가 힘이 든다. 지난 학기에는 나도 외국인 유학생 한국어 강의를 맡게 되었다. 그 외국 학생 중에 러시아 학생 4명이 있었다. 남자 2명이 모스크바 대학생이었다. 이들은 한국에 오기 전에 한글과 한국어 기초를 익히고 와서 한결 이해가 빨랐다. 그리고 열심히 했다. 내가 러시아에 갔다 온 얘기를 했더니 반겨하며 더 친근하게 지나게 되었다. 내가 모스크바 대학을 그 때 가 보았기 때문에, 또 러시아 문화관광으로 그들이 가 보지 못한 곳까지도 둘러보았기 때문에 내가 도리어 그들에게 얘기를 해 주는 위치가 되었다.

러시아를 여행하고 온지 10여년이 지났지만 아직도 그 곳은 내가 한 여행지 중에서 가장 인상에 남고 다시 가고 싶은 곳이기도 하다.

그 당시 러시아 문화 기행은 나에게 있어 기대 이상의 몇 가지의 의미를 더 부여해 주었다. 처음 목적은 관광을 겸한 러시아 문화 현지답사 및 현지 작가들과의 문학 세미나였다. 그런데 그곳에 가서 여러 가지를 접하면서 새로운 것을 느끼고, 보고 알고 배운 것은 지금 내 머리를 가득하게 채워 주고 내 마음을 풍요롭게 한다.

그 하나는 러시아 문학의 산실이라 할 수 있는 톨스토이 박물관, 도스토예프스키 박물관, 푸쉬킨 박물관 또 이들과 관련된, 거리와 묘지 및 <닥터 지바고>의 산실인 보리스 파스테라나크의 별장까지 돌아본데서 오는 뿌듯함이요, 또 그곳 현지 작가들과의 만남과 대화를 통해서 얻은 그 곳 작가들의 현재의 상황과 문학의 흐름, 방향 등등에 관한 새로운 지식이다. 둘째는 종교적인 의미에서이다. 러시아를 여행하기 전에는 러시아 정교 사원이 그렇게 훌륭하게 남아 있을 줄은 몰랐고, 또 신앙이 그렇게 뜨거운 줄도 몰랐다. 그리고 또 하나는 러시아 학교 방문에서 얻은 지식과 소감이다.

1) 붉은 광장

러시아쪽 안내인 소냐가 소개되었다. 아가씨 같았는데 세 살 된 아이가 있는 모스크바 대학 출신의 미혼모란다. 거리낌 없이 자기를 소개했다. TV에서만 보던 붉은 광장을 향했다. 호텔에서 버스로 15분 정도. 하얀 눈으로 덮인 시내를 달리면서 가이드는 부지런히 설명했다. 세계 최고의 시계탑, 우주 학자들의 동상이 세워진 평화의 거리, 옛 소련 인민들의 전시성과를 기록한 전시관, 스탈린 시대의 벽돌 아파트, 33층을 자랑하는 모스크바 대학, 또 그 모양을 본 딴 9개의 건물, 올림픽 대통로와 조립식 현대 아파트, 짐승들이 나와서 연기한다는 아동극장, 슬픈 일화가 담긴 성 바실리 사원, 레닌의 유해가 안치되어 있는 레닌 묘, 국영 백화점 등등을 소개했다.

이곳의 건물은 크고 웅장한 것이 특징이다. 러시아 제국 시대부터 내려 온 200-300년 전의 건물이 당당하게 서 있어 이 나라 역사의 강대함을 보여 주었다. 크레믈린 궁은 5개의 문이 있다. 붉은 광장은 생각보다 크지는 않았다. 왜 하필 붉은 광장일까? 녹색광장이라면 우리에게 더 아늑함을 줄텐데 ...... 크레믈린의 성벽과 역사박물관의 벽이 붉었다. 일설에는 '아름다운 광장'이란 뜻이 와전된 것이라고도 한다. 그 이유는 러시아어의 '크리스나야'는 '붉은'의 뜻도 있지만 고어 뜻은 '아름다운' 이기 때문이다.

원래 이곳은 노점상이 즐비하게 있었던 상업광장이었는데 17세기 말 도시 정리를 하면서 '아름다운 광장'으로 개명되었다. 그 후 소비에트 사회주의 연방이 되면서 이곳에서 메이데이, 10월 혁명 기념일 등에 데먼스트레이션이나 열병식이 거행되어 공산당을 상징하는 붉은 색의 의미가 강하게 부각되어 '붉은 광장'으로 불리어지게 되었다는 것이다. '붉은 광장'은 가장 넓은 부분의 넓이가 120미터, 길이는 500미터 가량이다. 이 광장의 남동쪽에는 16세기에 건립된 바실리블라제누이 성당(성 바실리 사원), 크레믈린 쪽에 있는 레닌 묘, 북서쪽에 있는 역사박물관, 굼 백화점 등으로 둘러 싸여 있다.

이곳 광장에 도착했을 때는 눈발이 날리며 바람이 세차게 불었다. 어제 저녁 공항에 도착 했을 때만 해도 봄 날씨 같아서 '두꺼운 옷을 안 입고 와도 될 걸 ...'하고 생각했을 정도 였는데...... 크레믈린 궁도 개방이 되나 본데 이날은 관람이 안 되는 날이었다. 아쉬운 마음으로 다음을 기약하며 붉은 광장을 떠났다.

우리 일행을 태운 버스는 붉은 광장을 떠나 서서히 시내를 돌았다. 동화 속의 그림 같은 <성 바실리 사원>의 아름다움과 그에 얽힌 일화가 머리에서 떠나지 않았다. 이 사원은 높이 47미터의 탑과 아름답게 채색된 8개의 양파 모양의 탑 끝에는 십자가가 있다. 이 사원은 악명 높은 이반 대제가 카잔의 아스트라한을 항복시킨 기념으로 지은 것이다. 황제는 너무나 아름답게 건축된 이 사원에 매료된 나머지 보다 더 아름다운 건축을 짓지 못하도록 하기 위해 설계자의 두 눈을 빼어 버렸다는 슬픈 일화가 전해지고 있다. 모스크바 시내를 도는 동안도 이 사원과 유사한 모양의 아름다운 사원을 볼 수 있었다. 이렇게 러시아는 사원이 많다.

2) 멋있는 저녁 식사

점심은 평양 식당에서 한식으로 맛있게 먹었다. 된장찌개와 양배추김치로 먹었다. 러시아에는 배추가 없단다. 사과는 천도 복숭아 크기인데 붉게 익긴 했지만 맛이 없었다. 역시 우리나라 사과가 최고이다. 식사 후 맛있게 먹었다고 주인에게 인사를 했더니 우리가 한국에서 못 먹어서 그렇게 잘 먹는 줄 오해하고 있었다. 그래서 밥도 제대로 못 먹으면 어떻게 이 비싼 여행을 하겠느냐고 하면서 비행기에서부터 러시아 음식에 질려서 그렇다니까 그때서야 "그러면요, 조선 사람은 조선 음식을 먹어야디요" 했다.

우리가 저녁을 먹은 곳은 러시아 고급 음식점으로 보인다. 식사를 하면서 Trio의 연주를 듣는 것은 일품이었다. 기타, 바이올린, 아코디언의 절묘한 조화로 울려 퍼지는 음율에 매료되어 식사를 하는 둥 마는 둥 했다. 볼가강의 추억, 오! 나의 태양, 베싸메 무쵸....등등 정말 멋있는 저녁 식사 시간이었다. 현지 교포 가이드가 러시아인 가이드 소냐와 고유춤을 추었고, J교수가 K시인과 왈츠를 추어서 한층 더 흥을 돋우어 박수를 받기도 했다.

3) 침대 열차를 타고 생트페테르스부르크로

밤 11시에 붉은 화살이라고도 불리우는 침대 열차를 타고 생트페테르스부르크로 향했다. 흔들리는 침대열차에서 피곤은 한데 아무리 자려고 해도 잠을 이루지 못했다. 밖은 아무리 추어도 침대차 안은 아늑했다. 참 잘 만들었다는 생각이 들었다. 커튼을 걷고 차창 밖을 내다보았다. 이따금씩 멀리 희미한 불빛이 보이기도 했다. 글에서만 읽던 모스크바에서 레닌그라드까지의 긴긴 여행에서 열차를 달리며 광활한 대지를 못 보는 것이 안타깝기만 했다. 하루를 벌기 위해 이렇게 밤을 이용한 것이다. 꼭 8시간이 걸려 아침 7시에 생트페테르스부르크에 도착했다.

우리에겐 레닌그라드라는 지명으로 더 잘 알려진 이곳 생트페테르스부르크는 1703년 표트르 1세가 스웨덴으로부터 탈환한 이 땅에 러시아 절대 왕정의 수도 즉 <유럽으로 열린 창>을 건설하기 위하여 패트로파브로프스크 요새를 건설한 것이 이 시의 기원이다. 러시아 북서부 핀란드만 안쪽에 자리한 이 도시는 모스크바 다음 가는 러시아 제2의 도시이다. 하지만 모스크바보다 더 아름답고 역사적 유물도 많다. 또 네바강 하구의 101개의 섬과 강 양쪽에 질서 정연하게 건설되었다. 이 도시는 크고 작은 네바강 줄기를 비롯한 수 십 개의 分流(분류)에 놓여진 500 여개의 다리에 의하여 연결된 정연한 거리는 <북방의 수도>, <유럽으로 열린 창>, <러시아의 머리>로 일컬어져 왔다.

도시의 명칭도 1712년 수도가 되면서 생트페테르스부르크로 했다가 1914년 페트로그라드로 개칭했다. 또다시 1924년 10월 혁명의 지도자 레닌이 죽자 그를 기념하기 위해 그의 이름을 따서 레닌그라드로 개칭되었다가 구소련의 붕괴와 더불어 옛이름 <생트페테르스부르크>로 돌아갔다. 이름의 개칭에서도 보여지듯이 이 도시는 역사적 유물도 200여년에 걸친 수도답게 장관을 이룬다. 도시 건설 과정에 있어서도 표트르 1세와 역대 황제가 심혈을 기울어 프랑스

이탈리아에서 초빙된 건축, 조각의 거장들이 건설에 참여하여 훌륭한 건축물이 많다.

키로프 기념 극장, 푸쉬킨 기념극장, 고리키 문화궁전, 러시아 민족 박물관(옛 미하일로프 궁전), 자연사 박물관, 에르미타지 미술관(옛 겨울 궁전), 네바 강변에 자리 잡은 알렉산드로네프스키 수도원, 여름 궁전, 성 이사크 사원, 10월 혁명 때의 본부였던 스몰리니 궁전, 제정 말기의 국회의사딩이었던 타우리다 궁전 등이 있다. 푸쉬킨의 시 <청동의 기사>의 실체가 데카브리스트 광장에 있는 표트르 1세의 騎馬像(기마상) 이라니 퍽 인상적이었다. 10월 혁명 때 동궁 진격 신호의 포성을 울린 순양함 오로라호도 네바강 가에 계류되어 10월 혁명의 기념관이 되었다.

4) 에르미타즈 미술관

에르미타지 미술관은 에카테라나 2세(Ekaterina1729-1796)의 겨울궁이다. 에카테리나 女帝(여제)는 독일의 작은 公家(공가)에서 태어나 1745년, 후에 재위에 오른 표트르 2세에게 출가한 후 남편의 평판이 나빠지자 1762년 즉위한지 얼마 안 되는 남편을 폐위시키고, 스스로 제위에 올라 大帝(대제)가 되었다. 그녀는 계몽주의 사상에 감명을 받아 볼테르(Voltaire1694-1778)와도 교류를 가졌고, 학예와 교육에 관심을 쏟았다. 하지만 그녀의 화려하고도 음탕한 생활을 증명이라도 하듯, 그녀의 겨울궁인 본 미술관을 들어서자 입이 딱 벌어졌다. 에르미타지 홀 또는 상들리에 홀이라 불리우는 이 거대한 홀은 내부가 온통 금으로 장식되어 있어 천장에 걸려 있는 휘황찬란한 샹들리에와 어울려 보는 이로 하여금 눈이 부시게 한다. 레오나르드 다빈치의 <최후의 만찬>이 천정 중앙에 그려져 있고, 그 외 성서의 이야기를 중심으로 한 성화가 벽장식을 했다. 특이하게도 <성모 마리아>를 에카테리나 여제 시대의 의상을 입은 미인으로 그려 놓았다. <레노아 성모>, <릿다 성모> 등 성모상의 이름도 각각 달랐으며 라파엘로가 18세 때 그린 <성모 마리아>도 있었다.

옛 겨울궁 시절의 여주인을 말해주기라도 하듯, 여러 모습으로 아름답게 장식된 에카테리나 2세의 풍만한 육체와 그녀를 둘러싼 남성들과의 유희 장면이 화폭에 옮겨져 벽면을 장식하여 보는 이로 하여금 심심찮게 한 마디씩 던지게 하여 너털 웃음을 자아내기도 했다. 또 하나 여주인의 특성을 말해 주는 것은 이 겨울궁에 들어서자 로비에 남자 '나체화'가 대형으로 걸려 있다는 것이다. 그러나 주인이 여자인 만큼 여자 나체화는 보이지 않았다. "영웅이 여자를 좋아하듯, 여걸도 남자를 좋아한다"고 Y시인이 말해 또 한바탕 웃기도 했다.

이렇게 음탕하고 사치스런 생활은 했지만 그녀는 학예와 교육에 관심을 쏟기도 했고 대외적인 정치에도 뛰어나 터키와의 분쟁, 세 차례에 걸친 폴란드와의 영토 분할전에서 승리를 거두어 러시아 영토를 남쪽과 서쪽으로 확장시키기도 했다. 그러나 무엇보다 그녀를 이해하게 한 것은 온 벽면을 가득 메운 성경 이야기를 중심한 성화였다. 그녀의 지시로 이루어진 이 많고 훌륭한 성화야말로 그녀의 신앙의 깊이를 말해 주었고, 그 능력으로 그래도 오늘날 이렇게 훌륭한 역사의 유물과 업적을 남기지 않았을까 하는 생각을 갖게 했다.

본 미술관에 소장된 예술 수집품은 표트르 대제의 딸 엘리자베스 파블로브나 여제의 수집으로 시작되어 에카테리나 2세가 유럽 각지의 명화 4.000 여 점을 사들이면서 설치되었다. 이 곳에 소장된 작품을 다 구경하려면 하루에 8시간 씩 11년을 보아야 한다니 그 규모의 크기를 짐작할 만하다. 소장된 작품 수는 2백 70만여 점으로 1층은 원시 문화, 2층은 19세기까지, 3층은 근대와 현대의 미술품을 전시해 놓았다. 이 곳에 소장된 작품들의 작가로는 레오나르드 다빈치를 위시해서 라파엘로, 미켈란제로, 엘 글레코, 고야, 루벤스, 반다이크, 밀레, 세잔느, ...피카소 등 세계적인 유명한 화가들이다.

더 보고 싶은 아쉬움을 남긴 채 버스에 올랐다. 버스는 네바강을 끼고 달렸다. 갑자기 일행 중 한 사람이 환성을 울렸다. 너무나 아름다운 네바강의 노을에 감탄했던 것이다. 일행 중 사진작가 팀은 장비를 갖추어 이 광경을 작품에 담기에 신이 났다. 유럽 여러 나라들이 그렇듯, 이 곳 페테르스부르크도 1년에 약 60일 정도만 해를 볼 수 있다고 한다. 그러니 우리는 얼마나 재수가 좋은가. 그것도 시간까지 적절히 맞추어 네바강의 노을을 배경으로 사진까지 찍었으니!

5) 성 이삭 사원

아침에 일어나 창문을 내려다보니 밤사이 하얗게 눈이 내렸다. 멀리, 가까이 내려다보이는 점점이 흩어진 불빛이 雪園(설원)의 裸木(나목)의 숲 속에 드문드문 있는 집들과 회색빛 하늘 아래 꽁꽁 언 네바강이 쓸쓸하면서도 아름답게 다가왔다.

날씨는 눈이 온 탓인지 더욱 더 쌀쌀했다. 꽁꽁 언 길바닥은 조심해서 걸어야 했다. 네바강을 끼고 舊(구)도시 거리를 지나 <성 이삭 사원>을 향했다.

데카브리스트 광장 앞에 있는 <청동의 기마상>이 다시 보아도 정감이 갔다. 표트르 1세의 동상이기 때문이 아니라 푸쉬킨의 시에 나오는 주인공이기 때문이다. 이 기마상 남쪽에 자리 잡은 높이 100미터나 되는 황금빛 돔이 솟아 있는 <성 이삭 사원>은 프랑스의 건축가 몽테랑이 설계하였다. 40년 동안 50만 명의 노동자를 동원하여 1858년에 완성했다. 적동색의 아름드리 둥근 대리석 기둥 여러 개가 이 사원 정면을 받치고 있다.

청동색의 출입문으로 들어서면 여러 가지 색으로 채색된 대리석의 벽과 공작석, 유리 등으로 장식된 화강암 列柱(열주)가 있다. 내부는 일만 사천 명을 수용할 수 있는 넓은 공간으로 벽면과 천정에는 22명의 화가가 일생을 바쳐 그렸다는 일백 오십 여점의 성화가 그려져 있어 그저 보는 이로 하여금 처음부터 끝까지 놀라게 할 뿐이다. 이 밖에 모자이크화도 60여점이 되며 300여점의 부조로 성당을 장식해 놓았다.

러시아인들은 이 성당을 로마의 <성 베드로 사원>이나 런던의 <성 바울 사원><파리의 노트르담 사원>과 대등한 위치에 놓고자 한다. 이 사원에 간직된 귀중한 예술품들로 미루어 보아 러시아인의 예술에 대한 깊은 인식과 사랑을 엿볼 수 있었다. 감탄사가 절로 나왔다.

러시아에는 크고 작은 성당이 많이 있다. 아침 5시부터 저녁 5시까지 성당은 개방되어 있고, 교인들은 종일 끊임없이 와서 예배를 보았다. 여자들이 더 많았지만 남자들도 많았다. 연인끼리 온 것도 보였고, 식구끼리 온 사람도 보였다. 예배실에는 의자가 없고 신부도 교인도 서서 예배를 본다. 이 곳에 온 사람은 먼저 기도 내용을 써서 신부에게 드리거나 기도함에 넣고 헌금을 하고 촛불을 켜고 유리로 보관된 예수님 畵像(화상)의 발에 입을 맞추고 기도를 한다. 그리고 신부님 있는 곳으로 가서 예배를 본다. 예배 드리는 형식은 카토릭에서 예배 드리는 모습과 유사했다. 그러나 오르간 연주나 성가대는 없었다. 그리고 여자는 모자를 써도 되지만 남자는 벗었다. 필자도 그들의 예배 순서에 따라 기도를 하고 나오니 일행은 이미 버스에서 기다리고 있었다.

6) 도스토예프스키 박물관

<카라마조프의 형제>의 산실인 <도스토예프스키 박물관>에 갔다. 4층 건물인 이 곳에 보관된 기념품은 도스토예프스키(Fyodor Mikhailovich Dostoevskii1821-1881)가 쓰던 물건도 있지만 그 보다 그 시대에 쓰이던 생활 용품을 기증 받아 주로 보관 전시되어 있었다. 따라서 19세기 러시아의 생활용품을 볼 수 있는 기회도 되었다.

도스토예프스키는 이사를 스무 번이나 했다. 그것은 주로 경제적인 문제 때문이었다. 이곳은 사랑하는 아들이 간질병으로 죽자 부인의 요청으로 1878년 10월 5일에 왔다. 방은 6개, 거실 1개, 부엌 1, 서재 1로 톨스토이에 비하면 경제적으로 어려웠음을 알 수 있다.

1881년 도스토예프스키가 죽자 가족들은 이 집을 임대로 주고 이사를 갔다. 90여 년 동안 임대되어 있다가 그 후 여러 번 수리를 거쳐 1969년 정부에서 박물관으로 지정하였다. 박물관으로 지정할 때 도스크예프스키 당시의 조감도대로 다시 설계를 하여 벽지도 그 시대의 것으로 재연하여 인쇄를 했다. 지금의 벽지도 그 시대 것의 재연이다.

아내 안나 스니트키나와는 24년 차이로 도스토예프스키가 43세 때 19세에 결혼했다. 안나는 속기사로서 교정을 담당하여 남편을 많이 도왔다. 당시에 쓰던 부인 안나의 물건과 주산, 종이 자르는 칼, 잉크 등이 그대로 보관되어 있었으며 부인에게 주었다는 도스토예프스키 사진도 있었다. 14년 간 살았다는 이들의 결혼 생활은 행복했다. 톨스토이는 제자인 안나의 현숙함과 영리함을 칭찬했다. 톨스토이가 낮에 작품을 쓰는데 비하여 도스토예프스키는 밤에 작품을 썼다.

새벽 5시까지 쓰고 낮 1시까지 숙면 시간이다. 일찍 오는 손님은 기다려야만 했다. 잎담배를 직접 말아서 손님에게 접대하고 자신도 즐겨 피웠다. 잎담배 그릇 밑에는 딸 루브가 남긴 글 "오늘은 아빠가 돌아가셨다"는 내용의 글이 있었고 시계는 8시 37분에 정지되어 있었다. 이것은 1887년 1월 28일 수요일 저녁 8시 37분에 도스토예프스키가 죽었음을 의미한다. 그 당시 묘지로 향하는 4킬로미터의 거리에는 추모 행렬이 6만-8만 명이었다.

박물관 안내자의 자세하고도 긴 설명은 더 계속될 듯 했다. 다음 일정을 위하여 그 곳을 떠났다. 좀 떨어져 있는 곳에 <죄와 벌>에 나오는 노파의 집이 있다기에 가 보았다. 허름한 공동 주택, 깜깜한

계단을 올라가 보니 소설 속에 나오는 바로 그 집의 분위기였다. 러시아의 아파트는 □자 형으로 되어 중앙이 마당이고 마당 쪽으로 현관이 있는 것이 특징이다. 그래서 밖에서 보면 거대한 모양의 웅장한 빌딩이지만 현관을 들어서면 계단이 어둡고 깜깜했다. 그러나 60년대에 지어진 올림픽 마을은 우리나라의 현대식 아파트와 흡사했다.

거리로 나오니 사람들이 많이 붐볐다. 퇴근시간이라서 그런가 보다. 러시아는 주5일제 근무이며 5시 50분이면 하루의 일과가 끝난다.

7) 모스크바시의 김나지움

페테르스부르크에서 3일을 보내고 다음날 저녁 10시 50분에 모스크바에 도착했다. 아침은 이곳 여행사에서 미리 준비해 놓은 빵과 음료수로 대충 때우고 하루 일정에 들어갔다. 우리가 묵은 모스크바 호텔 앞 우주 개발 탑은 예상보다는 작았다. 워낙 큰 건물을 많이 보아서 그런 것 같기도 하다. 아침 시간이라 거리에는 사람들이 많았다. 출근길의 직장인들, 학생들, 엄마 아빠의 손을 잡고 학교에 가는 어린 학생들……

모스크바 여인은 멋쟁이들이다. 우리가 고급으로 생각하는 밍크 롱코트에 롱부츠에 밍크 모자를 쓴 여인을 보는 것은 이곳 모스크바에서는 다반사이다. 예쁘고 멋있는 젊은 여인들이 많다. 특히 어린 아이들은 귀엽고 예쁘다. 그래서 기념 촬영을 할 때 어린 아이들을 데리고 찍는 우리 일행도 있었다.

모스크바에서는 손을 잡고 학교에 가는 엄마 아빠들이 많다. 나중에 우리 교포를 통해 안 사실이지만 '이곳 여인들은 아이를 1명만 낳고 또 여자아이들을 선호'한단다 그리고 학교에 데려 가고 데려오는 것은 필수라고 한다. 내가 교직에 몸담고 있었던 연유에서인지 학교에 관심이 갔다. 그래서 가이드에게 특별히 부탁을 해서 모스크바에 있는 A급 김나지움에 들어갔다. 단체 시찰은 교장이 출타중이라 허락되지 않아 나 혼자 구경만 한 셈이다. 입구에 들어가자 아래층에는 학생들 외투를 벗어 놓는 곳이 있었다. 러시아는 백화점도 호텔도 극장도 박물관도 들어가면 외투를 먼저 벗어 맡기는 것이 필수적이다. 밖은 춥지만 실내는 그만큼 난방이 잘되어 있다는 증거이기도 하다. 마침 1시경이라 오전 수업이 끝나는 시간이다.

대부분의 엄마들이 아이를 데리고 갔지만 아빠가 온 아이들도 있었다. 내가 들어가 본 교실은 2명씩 앉을 수 있는 책상이 5개가 놓여 있고, 양쪽 벽면에는 사물함과 책꽂이에 책이 가득 있었다. 뒷면에는 아동 작품이 걸려 있고(이것은 우리와 비슷했다) 앞에는 교사용 커다란 책상과 책꽂이 캐비닛 등이 있었다. 이 반 학생 수는 10명 1학년이다. 방금 수업이 끝났다. 학생수가 적으니 학부모가 와서 아이를 데리고 가도 붐비지는 않는다. 또 한 학년에 두 반 밖에 없으니 기껏해야 한 학년이 20-30명이다. 보통 한 학급이 10-15명이라니 - 그런데 좋다고만 할 것은 못된다. 두 학년이 복식 수업을 하는 경우가 많다고 한다.

러시아는 학제가 11학년까지 한 학교에 다닌다. 초등학교 3년, 중학교 5년 고등학교 3년 또는 2년까지 한 학교에 다닌다. 알마타에서 온 정장길 교수는 러시아의 학제를 좀 다르게도 말했다. 즉 초등학교 3년, 중학교 5년 고등학교 2년, 전문학교 2년을 하고 대학에 간다고 했다. 그리고 대학은 5년이다.

러시아의 학교는 운동장이 없고 실내 경기장만 있는 것이 특징이다. 실내 체육관에서는 모든 운동 종목을 할 수 있는 시설이 되어 있었다. 아래층 화장실을 둘러보았다. '화장실을 보면 그 나라 문화 수준을 안다'고 한다. 이 말이 현 모스크바 시민에게 적용될까? '화장실을 보면 그 나라 경제력을 볼 수 있다'고 바꾸는 편이 적당할 것 같다. 수세식이긴 해도 수세식 물탱크 뚜껑이 하나같이 없고 5개의 변기가 칸막이도 없이 나란히 있는 것이 좀 이상했다. 나중에 안 사실이지만 1학년용이라서 그렇다고 했다. 2층을 올라가 보았다. 복도 양 벽면에는 학생들 작품이 걸려 있었다. 교실에서 복도로 난 창문이 없어서 교실 안을 좀 들여다 볼 수가 없었다. 다만 쉬는 시간이라 학생들이 복도에서 서성거리거나 놀고 있었다. 꽤 큰 학생들인 것으로 보아 중학생인 듯 했다. 고학년일수록 위층에 있었다.

학교를 한 바퀴 둘러보고 나오면서 생각했다. 완전 개방하기는 아직은 어렵다는 생각이 들었다. 또 갑작스런 방문은 허락지 않을 것이라는 생각도 들었다. 하기야 우리나라도 외국인을 학교 방문시킬 때면 사대 부속학교라든지 강남의 일류 시설 학교를 그것도 예정해서 청소 및 기타 손님맞이할 준비를 마무리해서 개방을 하니까 그 쪽의 불허에 이해가 갔다. 현지 가이드인 빅토르 씨는 내내 미안해 하면서 "우리나라는 아직도 완전 개방이 안 되나봅니다" 했다.

모스크바는 넓고 크고 웅장한 건물이 많다. 도시의 연륜을 말해 주듯이 높게 쭉 뻗은 자작나무 숲이 우거진 공원도 많다. 거리도 넓고 가로수도 잘 정리되어 있다. 어느 도시나 다 그렇듯이 번지르르

한 높고 웅장한 고층 건물 뒤에는 <죄와 벌>에 나오는 전당포 노파의 집 같은 어두컴컴하고 허름한 빈민가도 있었다. 거리에는 유모차를 끄는 젊은 엄마도 있었고, 개를 데리고 다니는 소년도, 할머니도, 젊은이들도 있었다. 이 곳에 와서 무엇보다 느낀 것은 모두가 느긋하고 여유가 있어 보였다. 우리네 같이 바삐 서둘지 않는다는 것이다. 극장에서도 식당에서도 학교에서도 외투를 벗어 거는데 줄을 서서 기다려야 하고, 나올 때도 줄을 서서 느긋하게 기다려서 외투를 받아 입고 나온다. 그것이 체질화되어 아무도 서둘지도 짜증내지도 않는다. 우리는 그 기다리는 시간이 싫기도 하고 지겹기도 해서 버스에서 아예 외투를 벗어 놓고 달달 떨면서도 뛰어서 백화점에 들어간 적도 있었다.

8) 러시아 국영 TV탑

탑의 높이 570미터 에펠탑 300미터 보다 약 2배나 높은 세계 제일의 높이와 규모를 자랑하는 탑이다. 60년대 초에 세워진 것으로 위200미터는 1미터가 흔들린다고 한다. 370미터 지점이 식당 겸 전망대인데 한 바퀴 도는데 약 1시간이 걸린다. 식사를 하면서 모스크바 시를 한 눈에 볼 수 있다. 엘리베이터는 1초에 7미터 속력으로 움직여 1분도 안되어 370미터 지점에 있는 전망대에 닿았다.

현재 이 곳의 종사자는 500명, 하루 관람 수용 인원은 1만 500명, 이 곳에는 중계 방송국, 도시를 연결하는 이동식 TV 장치, 기상학적 이용, 범죄 현상 연구, 전망대 식당 등의 다기능 탑으로 완공을 보는데 4년 반이 걸렸다. 지상 89미터까지 중기구를 넣어 오뚜기의 원리를 이용했다. 그 이상부터는 158개의 조립식 철 로프로 기단을 하여 그 로프 힘으로 고정되어 오뚝이 기능을 하게 되어 있다. 탑 위에는 337미터의 안테나가 있으며 이것은 6도 지진을 이길 수 있는 힘을 갖고 있다. 전망대는 고착되어 유리와 유리 사이는 진공 상태라 얼지 않는다. 이 탑은 실제는 진동은 하고 있으나 잘 느끼지는 못한다. 계절에 따라 진동의 높이가 다르고 습도에 따라 1미터의 차이가 있으며 보통 1미터에서 2미터 정도 진동한다.

위에서 말했듯이 이 탑의 건물은 특이한 설계와 특별한 공법으로 건설되었는데 또 하나 놀라운 것은 엘리베이트 문이다. 이것은 3중문인 격이다. 첫 번째 엘리베이트 문을 열고 들어가니 복도 모양의 넓은 공간이다. 엘리베이트 안 인줄 알고 서 있었더니 들어가라 한다. 좁은 길을 지나가니 진짜 엘리베이트 문이 열려 있다. 신기하고 놀라웠다. 보안이 철저했다. 놀란 것은 이것뿐이 아니었다. 이 탑으로 들어오는 입구부터이다. 우리 일행 중 활달한 성격의 B씨가 멋모르고 입구에 있는 개찰기를 만졌다가 탁 튀어나오면서 울려 퍼지는 괴성에 B씨는 말할 것도 없고 모두가 깜짝 놀라 혼이 났다. 그것은 우리가 지하철을 탈 때 표를 내고 나가는 것과 같은 모양인데 그곳의 것은 입구가 그냥 열려 있는 상태다. 그런데 표를 내지 않고 그냥 지나가면 기구가 팍! 나와 막으면서 요란한 소리를 내게 되어 있다. 광활한 대지 위에 우뚝 솟아 있는 이 TV탑 하나를 보고도 러시아의 과학 기술은 굉장하구나 하는 생각이 들었다. 이 탑은 1967년에 준공되었다고 한다. 하여튼 놀라운 과학 기술이다.

아직도 내 머리에 생생하게 남아있는 세계 제일의 지하철과 볼쇼이 극장, 러시아 정교의 총본산인 자고르스크 사원, 전쟁과 평화의 산실인 톨스토이 박물관, 애국가로 우리 일행을 환영했던 여름궁의 설경과 집씨들 ......등등

이 번 여행 중 모스크바에서 5일 간 우리 일행을 알뜰하게 안내해준 이일진 교수와 우리 안내를 돕기 위해 멀리 알마타에서 온 정장길 교수 그리고 현지 여행사의 가이드로 나온 우리 말이 어색한 교포 2세인 알렉산더 또 페테르스부르크에서 4일간 우리의 안내를 맡아 준 언어학자 빅토르 교수 등 모두가 좋은 분으로 기억될 것이다.

"다 스비다니야(다시 만날 때까지 안녕)" 2시간을 기다린 공항 대기실에서 우리 일행은 작별의 인사를 나누면서도 못내 아쉬워했다. 보이지 않을 때까지 손을 흔들면서 -.

*이 글은 [교육자료]에 실렸던 것임

내가 가르친 학생들도 이제 모스크바로 돌아갔다. '무스람'과, '안드레이'이다. 무스람은 이지적이고 약간은 날카로운 편이고, 안드레이는 맘씨 좋은 이웃집 아저씨 같다. 무스람은 자기 할 몫을 다하면 혼자라도 나가는 시간관념이 철저한 학생이고, 안드레이는 자기 몫을 다 해도 못한 학생들을 배려하고 기다릴 줄도 알고 가르쳐 주기도 하는 푸근한 학생이다. 이들은 1년 교환학생이다. 경영학이 전공이니 아마 러시아 경영인이 되어 한국 주재로 돌아 올 것이다. 그들에게도 "다 스비다니야(다시 만날 때까지 안녕)"로 아쉬움을 갖고 종강 인사를 했다.

당신의 인생도 업그레이드 해보라

인쇄일 초판 1쇄 2006년 11월 15일
2쇄 2017년 05월 05일
발행일 초판 1쇄 2006년 11월 20일
2쇄 2017년 05월 15일

지은이 이 정 자
발행인 정 진 이
발행처 새미
등록일 1994.03.10, 제17-271호

서울시 강동구 성내동 447-11 현영빌딩 2층
Tel : 442-4623~4 Fax : 442-4625
www. kookhak.co.kr
E- mail : kookhak2001@hanmail.net
ISBN 978-89-6137-431-6*03800
가 격 9,500원